지은이 ¦ 카를 슈미트Carl Schmitt

1888~1985. 독일의 법학자이자 정치학자. 독일 중서부 플레텐베르크의 독실한
가톨릭 집안에서 태어났다. 베를린대학과 뮌헨대학에서 정치학과 법학을 공부했고
슈트라스부르크대학에서 법학 박사학위를 받았다. 이후 『정치적 낭만주의』(1919),
『독재』(1921), 『정치신학』(1922), 『정치적인 것의 개념』(1927), 『헌법 이론』(1928)
같은 문제작을 잇달아 발표하면서 학계의 중심인물로 떠올랐고 1933년에 베를린대학
정교수가 되었다.

　　주권자의 결단을 법질서의 원천으로 간주한 슈미트의 정치사상과 헌법이론은
의회민주주의, 자유주의, 낭만주의, 법치주의, 규범주의 같은 근대 정치사상의 다양한
조류에 대한 통렬한 비판이었다. 사실상 주권자의 독재를 옹호하는 그의 이론은 신학
(가톨릭주의)에 깊이 뿌리내린 것으로, 파시즘에 이론적 근거를 제공하게 되었고,
실제로 히틀러 집권 이후 나치의 계관법학자로 자리매김했으며, 심지어 반유대주의에도
동조하는 입장을 나타냈다. 1936년 나치 정권에서 실각해 모든 공직에서 물러났으나
2차대전 종전까지 교수직은 유지할 수 있었다. 1945년 종전 후 미군에게 체포되어 1년여
간 수용소에 갇혔다가 고향으로 돌아가 연구와 집필 활동을 계속했다. 이후 『대지의
노모스』(1950), 『햄릿이냐 헤쿠바냐』(1956), 『파르티잔 이론』(1963), 『정치신학2』
(1970) 등을 남겼고, 1985년 4월 7일에 98세를 일기로 생을 마감했다.

　　나치 치하에서의 행적에도 불구하고, 카를 슈미트의 사상이 후대에 미친 영향은
지대하다. 슈미트의 사상은 보수적 정치이론가에게는 이론적 입지를 공고화할 계기를
마련해주었고, 개혁적 사상가에게는 이론적 자극이 되었다. 민주주의와 법치주의가
그 내재적 한계로 인해 무신론적인 사회주의와 무정부주의의 확장을 초래하리라고
경고하면서, 세속화된 신이나 다름없는 주권자의 독재를 소환하여 국가체제를
지켜내고자 한 슈미트의 이론은 역설적으로 현대 정치와 법의 본질을 사유하게끔
이끌었다. 안토니오 네그리, 자크 데리다, 야코프 타우베스, 조르조 아감벤, 샹탈 무페,
슬라보예 지젝 등이 그를 사상적으로 재조명하면서 '슈미트 르네상스'를 이끌기도 했다.

옮긴이 ¦ 김민혜

이화여자대학교와 서강대학교 대학원에서 정치학을 공부했고, 학술단체협의회
상임간사로 일했다. 현재 독일의 뮌헨대학 철학과에서 카를 슈미트 연구의 최고
권위자인 정치철학자 하인리히 마이어Heinrich Meier 교수의 지도 아래 철학과 계시
종교 간의 관계(특히 헤겔, 브루노 바우어, 니체)에 관한 박사학위논문을 쓰고 있다.

　　함께 쓴 책으로 『다시 태어나면 살고 싶은 나라』(홍익출판사)가 있고, 디터 젱하스의
『지상의 평화를 위하여: 인식과 추측』(아카넷)을 우리말로 옮겼다.

얼굴이다 혐오하다

문학동네
인문 라이브러리

17

햄릿이냐 헤쿠바냐

극 속으로 침투한 시대

카를 슈미트 ¦ 지음 ¦ 김민혜 ¦ 옮김

문학동네

차례

일러두기

1. 이 책은 Carl Schmitt, *Hamlet oder Hekuba: Der Einbruch der Zeit in das Spiel*
   (Stuttgart: Klett-Cotta, 제5판, 2008)를 완역한 것이다.
2. 원서의 주註는 책 뒤에 미주로 실었다. 본문 하단의 각주는 편집자 주이고,
   원서에서 이탤릭체로 강조한 부분은 고딕체로 표시했다.
3. 단행본과 잡지는 『 』, 시詩와 논문 등은 「 」로, 상연된 연극 제목은 〈 〉로
   표시했다.

이 배우의 눈에서는 무슨 이유로 눈물이 흐르는가?
그저 헤쿠바 때문이라고!
헤쿠바가 대체 그에게 무엇이고
그가 헤쿠바에게 무슨 존재라고?
내가 상실한 것을 그도 만약에 잃게 된다면,
그는 대체 어쩔 것인가?
아버지가 살해당하고 왕관까지도 빼앗겼다면?

—『햄릿』2막 2장 (1603년 판본)

이 책에 대해

앞으로 전개되는 내용은 어느 왕비를 둘러싼 터부, 그리고 한 복수자의 형상에 관한 논의이다. 이 논의는 비극적 사건은 대체 어디서 비롯되는가 하는 문제로 이어진다. 이는 비극의 기원에 대한 물음이라고 할 수 있는데, 나는 그 기원을 오로지 역사적 현실 속에서 찾을 수 있다고 본다.

이런 방식으로 나는 햄릿을 그가 처한 구체적인 상황으로부터 파악하고자 했다. 이 자리에서 세 권의 책을 우선적으로 언급하는 것이 셰익스피어 애호가와 셰익스피어 전문가에게는 일차적으로 방향감각을 잡는 데 도움이 되지 않을까 싶다. 나 역시도 귀중한 정보와 핵심적 통찰을 얻는 과정에서 이 책들에 큰 신세를 졌다. 릴리언 윈스탠리Lilian Winstanley의『햄릿과 스코틀랜드 왕위계승Hamlet and the Scottish Succession』(Cambridge University Press, 1921)과 뷔르템베르크주 폴링겐의 귄터네스케 출판사에서 펴낸 이 책의 독일어 번역본『햄릿, 메리 스튜어트의 아들』, 그리고 존 도버 윌슨John Dover Wilson의『햄릿에게 무슨 일이 일어난 것인가What happens in Hamlet』(Cambridge University Press, 초판 1935 / 3판 1951), 끝으로 발터 벤야민Walter Benjamin의『독일 비애극의 원천Ursprung des deutschen Trauerspiels』(Berlin: Ernst Rowohlt Verlag, 1928)이 그 책들이다.

셰익스피어의 『햄릿』과 그 작품을 둘러싼 무수한 해석에 대해 오랫동안 충분히 생각해본 사람이라면 이 주제의 심오함을 알고 있을 것이다. 그런 사람은 여러 가지 단서가 이 심연의 중심으로 흘러들지만 고작 몇 가지 단서만이 다시 이 심연을 뚫고 나오는 것을 목격하게 된다. 또한 햄릿이 역사에 실존했던 왕 제임스 1세, 즉 메리 스튜어트의 아들과 어떤 연관이 있다는 결론에 도달한—나와 같은—사람이라면 수많은 터부에 부딪치고 추가적인 오해에도 휩싸인다. 이런 상황에서 그저 간단하게 아주 유명한 영국 작가의 발언을 인용하는 것이 도움이 될지 모르겠다.

셰익스피어는 너무도 위대해서 우리가 그를 제대로 평가한다는 것은 어쩌면 영영 불가능한 일일지 모른다. 우리가 그를 제대로 평가할 수 없다면, 최소한 그에 대해 부당한 판단을 내리는 방식이라도 때때로 바꿔보아야 할 것이다.

T. S. 엘리엇 T. S. Eliot의 이 발언이 우리에게 이로운 일종의 자유재량권을 가져다주긴 하지만 나는 이 권한을 극히 예외적인 상황에서만 쓸 생각이다. 햄릿이라는 주제가 이 책을 읽을 독자에게 큰 의미가 있을 것이라 전제하면서 독자가 잠시 주의를 기울여주기를 미리 당부한다. 사실 내가 이렇게 전제할 수 있는 까닭은 햄릿이라는 주제가 독자에게 의미가 없다면 아마 이 책을 펼쳐 들지도, 이 서두를 읽지도 않았을 것이기 때문이다.

1956년 1월
카를 슈미트

머리말

희곡 『햄릿, 덴마크의 왕자』는 지금까지 수많은 해석을 낳았다. 검은 복장을 한 채 우수에 잠긴 왕자는 인간적 문제의 원형이 되기에 이르렀다. 이 인물의 상징적 힘은 끝없이 변신을 거듭한다는 점에서 진정한 신화를 창출했다. 레싱 Lessing, 헤르더 Herder, 괴테 Goethe 같은 18세기 질풍노도 시대의 독일 시인들은 햄릿으로부터 그들 고유의 신화를 만들어가기 시작했다. 괴테의 해석 속에서 햄릿은 너무도 과중한 과제에 짓눌려 파멸하고 마는 베르테르로 변신했다. 19세기에는 햄릿이 능동적인 파우스트와 반대되는 수동적인 유형이자 천재와 광기가 조합된 존재로 해석됐다. 20세기 초엽에 정신분석학의 창시자 프로이트 Freud는 햄릿과 관련해 한 가지 가설을 세웠다. 이에 따르면, 신경증 환자는 자신의 신경증 콤플렉스가 아버지와 연관되는가 아니면 어머니와 연관되는가에 따라 오이디푸스 유형 혹은 햄릿 유형으로 구분된다.

이 같은 과도한 심리학적 해석으로 인해 출구 없는 미로가 생겨났다. 가장 위대한 심리학자 중 한 명인 도스토옙스키가 말했듯이, 심리학은 두 끝을 가진 막대기와 같아서 사람이 자의적으로 방향을 돌려 바꿀 수 있다. 제1차세계대전 이후 특히 영미권 나라에서 심리학주의에 대한 반동으로 이해될 만한 일종의 엄격한 역사적 연구 경향이 생겨났다. 이 역사적 연구는 셰익스피어 극작

11

품에 존재하는 명백한 모순이나 결함과 더불어, 전대 문학에 대한 셰익스피어의 의존성과 그가 속해 있던 당시 사회와의 연계를 엿보게 해주었다. 이로써 셰익스피어의 극중인물과 그의 작품의 예술적 완성도가 엄격히 일치한다는 종래의 이해 방식이 무너지게 되었다. 역사적 연구에 따르면, 셰익스피어는 무엇보다 런던의 대중을 위해 작품을 썼던 엘리자베스 시대의 극작가였던 것이다. 이에 대해서는 나중에 더 이야기하도록 하자.

그런데 이러한 역사적 객관화조차 언제나 새롭게 다시 생겨나는 『햄릿』해석을 종식시킬 수 없었다. 다양하고 때로는 서로 상반되는 해석의 입장들은 『햄릿』이 오늘날까지도 여전히 살아 있는 신화임을 입증한다. 나는 여기서 『햄릿』의 무한한 변신 능력을 보여주는 징표로 두 가지 예를 들고자 한다. 유명한 독일 작가 게르하르트 하우프트만Gerhart Hauptmann은 1935년에 『비텐베르크의 햄릿 Hamlet in Wittenberg』이라는 희곡을 발표했다. 이 작품은 그리 잘 쓰인 희곡은 아니다. 특히 심리학적인 것에 사로잡혀 있고, 또한 20세기 전반기의 어느 자기중심주의자가 자신의 성적 콤플렉스를 햄릿에게 덮어씌우면서 내뱉는 낯 뜨거운 언사들을 담고 있다. 하지만 가끔은 외설적으로 보이는 낭만적 요소에도 불구하고, 이 슬픈 작품을 관통하는 역사적 맥락이 모습을 드러내곤 한다. 이 작품은 '비텐베르크의 햄릿'이라고 불리지만, 이 제목에서 떠올리게 마련인 거대한 주제를 제대로 다룰 역량을 갖추고 있진 못했다. 그럼에도 이 작품은 햄릿 신화가 여전히 그 위력을 상실하지 않았음을 보여주는 하나의 특이한 징후로 남아 있다.

또다른 예는 정반대 방향, 즉 북쪽이 아니라 남쪽에서 유래한다. 세계적 명성을 지닌 스페인 철학자 살바도르 데 마다리아가Salvador de Madariaga는 1948년에 발표한 『햄릿에 관하여 On Hamlet』라는 책에서 셰익스피어의 햄릿을 놀라울 정도로 새롭게 조명해냈다. 그는 햄릿으로부터 르네상스 시대의 거침없이 행동하는 인간이자 폭력적 인간인 체사레 보르자Cesare Borgia를 창조해낸다.
이 책은 날카로운 관찰과 틀에 얽매이지 않은 논평으로 가득차
있지만, 영국 비평가들이 어떤 비판적 어조로 이에 반응했을지
도 짐작해볼 수 있다. 영국 비평가들은 마다리아가의 해석이 엘
리자베스 시대보다는 히틀러 시대의 흔적으로 설명될 수 있음을
빠뜨리지 않고 지적한다. 스페인 출신으로 영미권의 교양을 자신
의 정신 속에서 융합시킨 마다리아가 같은 비중 있는 철학자의 놀
라울 정도로 새로운 해석에서도 햄릿의 비밀스러움은 그 불가해
성을 드러내고 있다.

그런데 햄릿에 대한 해석과 상징화가 개별 인간의 사적 심
리학에만 한정되는 것은 아니다. 한 민족 전체를 햄릿으로 표상
할 수도 있다. 예를 들어 19세기 독일의 뵈르네Börne, 게르비누
스Gervinus 같은 자유주의 계열 언론인들은 내적으로 찢기고 갈라
진 독일 민족을 햄릿과 같은 처지로 인식했다. 1848년 자유주의
혁명이 발발하기 불과 몇 년 전에 시인 페르디난트 프라일리그라
트Ferdinand Freiligrath는 다음과 같이 시작되는 「햄릿」이라는 시를
쓰기도 했다.

독일은 햄릿이다! 진중하고 묵묵한
저 성문 안에서는 매일 밤
파묻힌 자유가 배회하며,
망루에 선 병사들에게 손짓한다.

어떻게 행동할지 결단을 내리지 못하는 우유부단한 자이자 몽상
가로서의 햄릿이라는 비유는 여러 가지 세부사항과 더불어 상세
히 그려진다.

그는 매우 유식한 짓을 거듭한다

그가 할 수 있는 최선은 그저 생각하는 것
그는 오래도록 비텐베르크에,
강의실에, 아니면 술집에 처박혀 있다.

이런 식으로 미로는 점점 더 뚫고 나가기 어려워진다. 나는 여기서 독자 여러분께 잠시 동안이나마 심리학적 설명에서 벗어나 다른 영역으로 나를 따라오라고, 또 역사학과의 방법과 결과에도 머물러 있지 말아달라고 청하고 싶다. 우리가 19세기의 예술철학에 안주해 전적으로 역사학적 고찰만을 고집하는 것은—심리학주의의 막다른 길에 뒤이어—종류만 다를 뿐 출구가 없기는 매한가지인 막다른 길에 들어서는 것이나 다름없다. 우리는 역사학적 방법에 따른 결과에 주의를 기울이고 심리학적 방법에 따른 결과에도 주의를 기울여야 하겠지만, 이를 햄릿 해석의 최종적 결론으로 여겨서는 안 된다.

여기서 이 두 가지 방법에 따른 결과를 넘어서는 비극적 사건의 근원 자체에 대한 질문이 제기되는데, 이 질문에 대답하지 않는 한, 햄릿 전체를 아우르는 핵심 문제의 특수성이 이해되지 않은 채로 남아 있게 된다. 유럽 정신이 르네상스 이래로 얼마나 탈신화화되었는가를 고려해보면 유럽에서, 그리고 유럽 정신의 정수로부터 햄릿 신화와 같은 강력한 규범적 신화가 탄생할 수 있었다는 것은 실로 놀라운 일이 아닐 수 없다. 그런데 엘리자베스 시대 말기에 나온 한 편의 극작품이 근대 유럽의 신화라는 흔하지 않은 결과를 낳을 수 있었던 이유는 대체 무엇인가?

일단 이 작품의 극적 사건 자체에, 사건의 구도와 구조에 초점을 두도록 하자. 이는 그리스 연극에서 '전체 플롯Hypothesis'을 가리키고, 우리의 학술 분과인 미학에서는 '기본 줄거리Fabel'라고 불리며, 오늘날에는 보통 '스토리story'라고 부를 만한 것이다.[1] 이 극작품이 우리에게 제공하는 사태에 주시하면서 이런 질문을 던

져보자. 이 극에서는 어떤 행위가 펼쳐지는가? 이 극의 주인공인
행위자 햄릿은 대체 누구인가?

왕비라는 터부

햄릿의 아버지는 살해되었다. 살해된 자의 혼령이 나타나 복수를 해달라고 아들을 채근한다. 이로써 복수라는 아주 오래된 주제와 복수극의 전형적인 시초 상황이 주어졌다고 볼 수 있다. 이 밖에도 시초 상황에 속하는 또다른 요소가 있다. 햄릿의 어머니가 남편의 살해자와 결혼을 했다는 것이다. 그것도 관례에 맞지 않게 수상쩍을 정도로 서둘러, 살인이 일어나고 채 두 달도 되지 않아서. 햄릿의 어머니가 살인 행위와 살해자를 복권시킨 셈이었다.

모든 관객과 청중을 파고드는 첫번째 의문은 과연 햄릿의 어머니가 살인에 관여했을까 하는 것이다. 그녀는 살인의 정황을 알았을까? 그녀가 살인을 사주한 것은 아닐까? 그녀가 살인을 공모한 것일까? 아니면 살인에 대해서는 전혀 모른 채 살인이 일어나기 전부터 관계를 맺어온 것인가? 『리처드3세』속 왕비 앤과 마찬가지로 그녀는 그저 쉽게 유혹에 빠지는 여성이었고, 살인이 일어난 뒤에야 살해자에게 넘어갔던 것인가?

햄릿 어머니의 죄과를 둘러싼 의문은 극의 초반부터 등장해 극이 차츰 전개되는 동안 내내 사라지지 않는다. 살해된 아버지의 복수를 하려는 참에 살해자의 현 부인이 된 자기 어머니를 대면한 아들은 대체 무엇을 어떻게 해야 할까? 이 시초 상황은 앞서 말한 대로 아주 오래된 전설, 신화, 비극의 주제가 될 만한 내용

17

을 담고 있다. 이 상황의 해답 역시 오래되기는 마찬가지인데, 단 두 가지 방안이 제시되어 있는 것 같다. 복수의 의무와 어머니와의 관계 사이에서 갈등에 처한 아들에게는 실제로 두 가지 선택만 있을 뿐이다. 하나는 그리스 신화와 아이스킬로스의 비극에 나오는 오레스테스가 택한 길로, 아들은 살해자뿐 아니라 어머니마저 죽인다. 다른 하나는 셰익스피어도 알고 활용한 북유럽 영웅전설 속 암레트Amleth가 택한 길로, 아들은 어머니와 협력해 둘이서 함께 살해자를 죽인다.

이상이 그리스 비극과 북유럽 영웅전설에서 손쉽게 얻을 수 있는 두 개의 방안이다. 오늘날의 시각으로 본다 하더라도, 아들이 짊어진 복수의 의무를 진지하게 다루고 여성을 온전한 인격체로 간주하는 한 다른 길은 있을 수 없고, 어머니 또한 중립을 고수할 수 없다고 해야 하지 않을까. 셰익스피어의 『햄릿』에서 기이하고도 그 의도를 분명히 알 수 없는 것은 이 복수극의 주인공이 이 두 가지 길 중 어느 것도 선택하지 않는다는 점이다. 햄릿은 어머니를 죽이지도 않고 어머니와 연합하지도 않는다. 햄릿 어머니가 살인에 연루됐는지는 작품 전반에서 명쾌하게 밝혀지지 않은 채 남는다. 어머니의 죄과 여부를 해명하는 것이 복수자의 행보와 동기, 사고 과정에서 중요하고 결정적일 수도 있는데 말이다. 극 전체에서 시종일관 머리를 치켜들기 때문에 장기적으로 억누를 수 없는 이 문제는 전체에 걸쳐 세심하게 비켜가기만 하고 대답되지 않은 채로 남는다.

왕비의 죄과를 둘러싼 의문은 살인에 연루되었는가 하는 문제 말고도 몇 가지 다른 의문점을 제기한다. 특히 여러 차례 조명된 문제는 햄릿 어머니가 첫 남편이 살해되기 전에 살인자와 어느 정도의 관계였는가 하는 점이다. 햄릿이 "근친상간 같은 동침"이라고 말한 것을 보면 왕비가 첫 남편이 죽기 전에 이미 살인자와 불륜 관계에 있었음을 암시하려는 듯하다. 도버 윌슨은 『햄릿에게 무슨 일이 일어난 것인가』에서 이 질문을 다루는 데 한 장 전체를 할애하는데, 극중 왕비의 혼외정사가 거의 의심의 여지가 없는 기정사실에 가깝다는 결론을 내린다.[2] 하지만 이조차 이론의 여지가 없는 것은 아니다.

햄릿 어머니가 햄릿 아버지의 살인에 연루됐는가라는 대단히 중요한 문제를 해명하기 위해 많은 햄릿 연구자가 극중에 등장하는 온갖 암시와 징후를 다방면으로 해석해왔다. 단어와 몸짓 하나하나에서부터 특히 범죄자를 폭로하는 장치로 고안된 극중극까지 정밀한 연구를 수행했다. 햄릿 어머니를 실질적인 살해자로 보는 햄릿 해석가도 있다. 극중극에서 왕비는 "두번째 남편이 침대에서 제게 입을 맞출 때, 저는 제 남편을 또다시 죽이는 꼴이 된답니다"(3막 2장 183~4행)라고 말한다. 왕비의 방에서 햄릿과 어머니 사이에 오간 한밤중의 언쟁 도중 햄릿이 죽인 자가 왕인 줄로 믿고 있다가 휘장 뒤에 숨었던 것이 폴로니어스임을 알았을 때 햄릿 어머니가 "이 얼마나 경솔하고도 잔혹한 짓이란 말이냐"(3막 4장 27~30행)라고 울부짖자 햄릿은 다음과 같이 대꾸한다.

잔혹한 짓이라니요…… 고귀한 어머니시여,
왕을 죽이고 그 동생과 결혼하는 것만큼 나쁠까요.

왕비는 놀라움을 금치 못한 채로 "왕을 죽이다니 그게 대체 무슨 소리냐?" 하고 되묻고 햄릿은 "예, 왕을 죽였다고 했습니다"라고 재차 확인하듯이 대답한다. 혹자는 이 기묘한 대화와 "왕을 죽이다"라는 표현으로부터 햄릿이 폴로니어스가 아니라 실제로는 클로디어스왕을 죽이고자 했다고 유추할지 모른다. 그런데 이 대목은 햄릿이 어머니가 선왕을 죽이고 왕의 살해자와 결혼했음을 말하려 했다는 식으로 달리 해석될 여지도 있다.

왕비가 실질적인 살해자라는 이런 해석은 1942년에 사망한

내 친구 알프레히트 에리히 귄터Albrecht Erich Günther가 특히 열성
적으로 주장한 바 있다. 법철학자이자 법사학자인 요제프 콜러
는 자신의 책 『법학의 광장에서 본 셰익스피어』에서 햄릿 어머니
가 살인에 연루됐다는 점을 적극적으로 긍정하는 입장을 취한다.
한편 다른 이들은 햄릿의 어머니가 문제시되는 경우, 살인에 대
한 책임이나 연루를 일체 부정하기도 한다. 극의 전개를 따라가
느라 심리학적, 문헌학적, 법사학적 고찰을 할 시간적 여유가 없
는 관객에게 이 중대한 논점은 불분명한 것으로 남게 되고, 모든
관련 연구도 이 불분명함을 가중시키거나 재차 확인하는 데 그쳤
을 뿐이다. 그런데 이 연극을 연출하는 드라마투르그나 연출가라
면 누구나 어떻게든 이 문제를 해결해야 한다. 연출가는 관객에게
다양한 해답을, 때로는 서로 모순되는 답을 내비칠 수도 있다. 햄
릿 어머니를 유죄로 할 것인지 무죄로 할 것인지에 따라, 극중 햄
릿의 행위가 완전히 달라질 테니 말이다. 그럼에도 300년이 지나
도록 사람들은 햄릿 어머니가 유죄냐 무죄냐에 대해 의견의 일치
를 보지 못했다. 이에 대해서는 앞으로도 의견이 분분할 텐데, 이
는 기묘하면서도 분명 계획적이고 의도적인 은폐가 여기 자리잡
고 있기 때문이다.

셰익스피어의 희곡 『햄릿』에는 세 가지 상이한 판본이 존재
한다. 하나는 1603년 사절판, 다른 하나는 1604/5년 사절판, 나머
지 하나는 1623년 이절판이다.[3] 1603년 사절판 4막 6장에는 햄릿
어머니가 복수 계획을 알고 있었고 두번째 남편에 맞서기 위해 아
들과 연합했다는 사실을 유추할 수 있게 하는 장면이 있다. 이는
이후 판본에는 빠져 있다. 어쨌든 아들의 복수는 기이한 조건부
복수 청탁과 더불어 시작된다. 살해된 아버지의 혼령은 살인과 살
인자를 소름이 끼칠 만큼 끔찍한 것으로 묘사한다. 마다리아가는
지나치리만큼 끔찍한 이 묘사를 과장으로 본다. 혼령은 비열하고
파렴치한 살인에 대한 복수를 해달라고 아들에게 애원하며 갑자

기 조건을 걸듯이 햄릿의 어머니는 관대히 다뤄져야 한다고 덧붙인다.(1막 5장 85~6행)

　네 어머니에 대해서는 어떤 악한 마음도 품지 마라!

햄릿의 어머니는 오직 스스로의 양심에만 맡겨져야 한다. 이 얼마나 기묘한 복수극인가! 나중에 햄릿이 왕비의 방에서(3막 4장) 자기 어머니의 양심에 대고 격렬하게 호소할 때 갑자기 혼령이 또 나타나 다시 한번 복수에의 의무를 엄중히 상기시키면서, 그와 동시에 햄릿 어머니에게만은 너그러울 것을 권고한다. 이러한 방식으로 햄릿의 어머니는 복수 청탁에서, 다시 말해 극적 중심으로부터 조심스럽게 제외된다.

　부권 혹은 모권 개념을 통해 법사학적으로, 또는 부친 혹은 모친 콤플렉스 개념을 통해 정신분석적으로 접근하는 설명 방식은 여기서는 제쳐두도록 하자. 이런 설명 방식은 단지 일반 이론을 예증하려는 목적으로 극을 이용할 뿐이다. 극의 구체적인 형태와 앞에 놓인 텍스트 속으로 침잠해, 선입견에 찬 개념을 동원하지 않은 상태에서 작품에 자신을 맡기는 사람이라면, 사태에 대한 참작 때문인지 아니면 세심함이나, 또는 어떤 거리낌 때문인지는 몰라도, 여기서 무언가가 숨겨지고 에둘러지고 있다는 것을 금세 알아채게 된다. 다른 말로 하면, 우리는 이 극의 저자가 무조건 경외하는 터부와 마주하게 된다. 이 터부는 모친이 윤리상 그리고 극의 전개상 복수극의 핵심에 해당함에도 모친의 유무죄에 대한 문제 제기를 하지 못하도록 극의 저자를 강제한다. 살인의 정황을 정확하게 묘사해 살인자의 눈앞에 들이대는 기능을 하는 그 유명한 극중극(3막 2장)에서도 햄릿의 어머니는—최소한 현존하는 텍스트에서는—눈에 띌 정도로, 그리고 따지고 보면 부자연스러우리만치 살인 가담 여부에서 배제된다.

희곡 『햄릿』의 저자가 세심한 배려나 여성에 대한 일반적인 예우 차원에서 이 까다로운 논점을 비켜간 것이라 말할 순 없을 것이다. 셰익스피어는 보통 이런 문제에서 대단히 직설적이며 잔악해지는 것도 마다하지 않는다. 그는 여성을 떠받들지 않으며 여성의 유무죄를 대놓고 말하길 꺼리지 않는다. 셰익스피어의 여성 인물은 괴테의 레오노레 공주나 이피게니 같은 바이마르 시대의 여성이 아니며, 실러Schiller의 테클라나 베르타 같은 여성상과도 거리가 멀다.* 이는 『리처드 3세』나 『리어왕』에 등장하는 여성, 맥베스 부인, 또는 햄릿에 등장하는 오필리어만 생각해봐도 충분하다. 햄릿의 어머니는 그녀를 민감한 존재로 보아 세심한 고려 끝에 내버려두려는 작가의 의도 때문에 조심스럽게 다루어지는 것이 아니다. 햄릿은 실제로 자기 어머니에 대해 혼잣말을 하는 3막 2장 399행에서 단도를 언급한다.

그렇다면 살인과 복수 실행에 관한 한 본질적이기 그지없는 죄의 문제가 왜 하필 햄릿 어머니에게서 조심스럽게 회피되는가? 왜 적어도 살인에 관한 한 아무 죄가 없다는 식으로 명백히 밝히지 않는가? 작가가 주어진 특정 상황에 매이는 일 없이 정말로 자유로운 창작 상태에 있다면 그저 돌아가는 사정이 어떤지 전달하기만 하면 될 것이다. 작가가 유죄라거나 무죄라고 분명히 발설하지 않는 바로 이 정황이, 여기에 구체적 맥락에서 형성된 거리 낌과 염려 섞인 고려가 존재한다는 것, 즉 진정한 터부가 자리하고 있다는 것을 입증해준다. 이리하여 이 비극은 특수한 성격을 지니게 되고, 극의 객관적 사건을 구성하는 복수 행위는 그리스 비극이나 북유럽 영웅전설에서 으레 보이는 단순함과 명확함을 상실하게 된다.

* 레오노레 공주: 괴테의 희곡 『토르콰토 타소』의 등장인물.
　이피게니: 괴테의 희곡 『타우리스섬의 이피게니』의 등장인물.
　테클라: 실러의 3부작 희곡 『발렌슈타인』의 등장인물.
　베르타: 실러의 희곡 『빌헬름 텔』의 등장인물.

나는 이 구체적이기 그지없는 터부가 무엇인지 말할 수 있다. 이는 스코틀랜드의 여왕 메리 스튜어트를 둘러싼 것이다. 그녀의 남편이자 제임스의 아버지인 헨리 단리경이 1566년 2월에 잔악한 방식으로 보스웰백작에게 살해되었다. 같은 해 5월에 메리 스튜어트는 남편의 살해자인 이 보스웰백작과 결혼했다. 살인 사건 후 채 석 달도 안 된 때였다. 정말 관례에 어긋나게, 수상하리만큼 서두른 감이 있었다고 할 수 있다. 메리 스튜어트가 어느 정도로 남편 살해에 연루됐는지, 직접 살인을 사주한 것은 아닌지에 대한 의문은 오늘날까지 해명되지 않은 채 의견이 분분하다. 메리는 자신의 완전한 결백을 확언했고 그녀의 친구들, 특히 가톨릭교도들은 그 결백을 믿었다. 그러나 그녀의 적대자들, 특히 스코틀랜드와 잉글랜드의 프로테스탄트들, 엘리자베스여왕의 지지자들은 모두 메리가 살인의 실질적 주모자라고 확신했다. 이 사안 전체는 스코틀랜드와 잉글랜드에서 말로 할 수 없을 만큼 큰 추문이었다. 그런데 왜 이 사안이 당시 『햄릿』의 극작가에게 일종의 터부가 되었을까? 이 엄청난 추문은 사실상 양 진영에서 수십 년간 공공연한 일이었고, 양측 입장에 따라 광신적인 열의 속에서 상세히 논의되지 않았던가?

이 터부는 셰익스피어의 『햄릿』이 탄생하고 처음 상연된 시기와 장소, 즉 1600년에서 1603년 사이의 런던을 보면 이해할 수 있다. 당시는 모든 정황이 잉글랜드의 연로한 여왕 엘리자베스의 죽음을 예견하고 있는 상태에서 그 후계자는 아직 정해지지 않았던 시기였다. 극도의 긴장과 불확실성이 잉글랜드 전체를 지배하던 때였다. 내전, 유럽 전역을 휩쓴 가톨릭주의 국가와 프로테스탄트주의 국가 간의 전쟁, 온갖 종류의 종교적, 정치적 박해 같은 당대의 일반적인 불안정함에 더해, 이 시기 잉글랜드의 왕위계승에서 파생된 문제가 견딜 수 없을 정도의 긴장을 부추기고 있었다. 연로한 엘리자베스여왕은 사십 년이나 통치를 해온 상태였다. 그녀의 수중에 막대한 정치권력이 놓인 상황이었다. 그러나 그녀는 후계자가 없었고, 후계자 지명조차 미루고 있었다. 누구도 감히 이 민감하기 그지없는 사안을 공개적으로 논할 엄두를 내지 못했다. 이 사안에 대해 입을 연 한 잉글랜드인은 손이 잘려 나가는 형벌을 받기도 했다. 여왕은 자신의 "장례를 알리는 종소리"가 퍼지는 것을 들으려고도 하지 않았다. 그러나 당연히 암암리에 모두가 이에 관해 수군거렸고, 온갖 집단과 당파가 가능성 있는 후계자에 대비하고 있었다. 일부는 프랑스 왕자에, 또다른 일부는 스페인 출신에 기대를 걸었다. 친족인 아라벨라 스튜어트에게 기대를 건 이들도 있었다. 1618년에 유명한 항해가 월터 롤리경이 처형된 데는 롤리가 제임스에 반대하여 왕권 주자로 아라벨라 스튜어트의 편을 들었던 전력이 어느 정도 영향을 미치기도 했다.

셰익스피어와 그의 극단은 사우샘프턴백작과 에식스백작으로부터 후원을 받았다. 셰익스피어의 극단은 후대의 왕위가 메리 스튜어트의 아들인 제임스에게 계승되기를 기대했다. 당시 이 극단은 엘리자베스여왕에게 정치적 박해와 억압을 받고 있었다. 가톨릭교도였던 사우샘프턴백작은 사형선고를 받았지만 가까스로 처형은 모면했다. 연로한 여왕은 1601년 2월 25일에 한때 자신의 측근이자 연인이었던 것으로 추정되기도 하는 에식스백작을 처형하도록 명했다. 그의 재산은 몰수되었다. 셰익스피어의 극단은 런던을 떠나 지방에서 공연을 해야만 했다. 『햄릿』의 2막 2장, 배우들에 관한 장면에 등장하는 명확한 암시들은 이와 연관된다. 엘리자베스여왕은 1603년 3월 23일에 서거했다.

1603년에 왕위에 오른 제임스1세는 사우샘프턴백작을 사면했고, 에식스백작의 미망인에게는 엘리자베스에 의해 처형된 남편의 몰수재산을 되돌려주었다. 셰익스피어의 극단은 다시 런던 시내와 궁정에서 공연할 수 있게 되었다. 셰익스피어는 배우들과 함께 왕의 사적인 수행원으로 임명되어 킹스맨King's Man이라는 칭호를 얻게 되었으며, 체임벌린경 극단*의 배지를 달고 다니게 되었다.

1600년에서 1603년까지 이 위기의 시기에 셰익스피어의 극단이 속한 정파의 희망은 모두 메리 스튜어트의 아들인 제임스에게 집중되었다. 제임스는 실제로 1603년에 엘리자베스여왕을 계승하여 잉글랜드의 왕위를 잇게 된다. 그리하여 불과 16년 전에 자신의 어머니를 처형한 바로 그 여왕의 후계자가 된다. 제임스는 자신의 후계 권한을 위험에 빠뜨리지 않기 위해 엘리자베스여왕 앞에서는 항상 매우 신중하게 처신했다. 그러나 그렇다고 해서 그가 자신의 어머니 메리 스튜어트를 부인했던 것은 아니다. 그는 자신의 어머니에 대한 기억을 기렸으며, 어느 누구도 그녀에게 살해 혐의를 두는 말을 하거나 그녀를 비난하지 못하도록 했다. 제임스는 자신의 책 『바실리콘 도론 *Basilikon Doron*』†(1599년)에서 엄숙하고도 감동적인 방식으로 자신의 아들에게 여왕 메리에 대한 기억을 항상 간직하고 존중할 것을 권고한다.

이로써 비극 『햄릿』의 저자에게 우리가 말했던 터부의 상황이 주어지게 되었다. 메리 스튜어트의 아들이자 예정된 왕위계승자로서 제임스를 고려할 때, 어머니에게 아버지를 살해한 책임이 있다고 혐의를 두는 것은 불가능한 일이었다. 다른 한편으로 연극 〈햄릿〉을 관람하는 관객은 프로테스탄트적인 잉글랜드 전체가 그러하고, 특히 런던이 그러했듯이 메리 스튜어트의 유죄를 확신하고 있는 상태였다. 바로 이 잉글랜드의 관객을 고려할 때, 어머니의 '결백'을 가정하는 것 역시 전적으로 불가능한 일이었다.

---

* 1594년 엘리자베스1세 때 설립된 당시 최고 극단 중 하나로, 셰익스피어는 그의 생애 대부분을 이 극단에서 배우, 극작가로 활동했다.

† '왕의 선물'이라는 뜻으로, 제임스1세가 큰아들 헨리를 위해 쓴 책. 형식적으로는 아들이 왕좌에 올랐을 때 해야 할 일들, 의무 등을 가르치는 것으로 되어 있지만, 실은 교회 목자들이 정치와 국사에 관여하는 것을 책망하는 내용이다.

결국 죄과의 유무를 둘러싼 문제를 조심스럽게 피해가야만 하는 상황이었던 것이다. 이로 인해 극중의 행위는 불분명하고 부자연스러워졌다. 참담한 역사적 현실은 연극을 수놓은 가면과 의상을 뚫고 끈질기게 그 모습을 드러낸다. 이 점만큼은 제아무리 통찰력 있는 문헌학적 해석, 철학적 해석, 미학적 해석을 가한다 해도 흔들리지 않는다.

복수자의 형상

왕비의 터부는 역사적 현실이 셰익스피어의 『햄릿』 속으로 강력하게 침투한 사례이다. 이와 더불어 또하나의 침투, 첫번째 사례보다 더 강력한 두번째 침투가 존재한다. 복수자의 형상이 성찰을 거치면서 소심하고 멜랑콜리한 인간으로 변형된 것이 그것이다. 이러한 변형 때문에 복수극의 주인공인 복수자 자체가 너무나도 불확실한 존재가 되어버린 나머지 지금껏 그 누구도 햄릿의 캐릭터와 행동을 결정적으로 해명해내지 못했다. 셰익스피어의 이 작품 어디에서도 햄릿의 기이할 정도로 부족한 행동력에 관한 설명을 찾아볼 수 없다.[4] 결국 주인공의 성격을 둘러싸고 무수한 모순과 수많은 해석, 이론이 생겨났지만 어떤 확실한 답도 구해지지 않았다.

우리는 햄릿이 일차적으로 극중인물일 뿐이고, 일종의 가면과 같은 존재이지 역사적 인물이 아니라는 점을 전제로 하고 있다. 그런데 우리가 다루는 것이 다름아닌 희곡이라는 점을 특히 의식적으로 염두에 두는 셰익스피어 연구가들은 햄릿의 캐릭터가 부유浮游하는 상태로 남는 것이 절대로 우연이 아니라는 결론에 이르곤 한다. 로버트 브리지스Robert Bridges는 셰익스피어가 바로 이 문제를 '의도적'으로 불분명하게 놔두고자 한 것이 아니라면 햄릿이 광증에 시달렸는지, 아니면 그저 그런 척한 것인지가 왜 그다지도 중대한 문제가 되겠느냐고 반문한다. 위대한 서정시인 존 키츠John Keats도 셰익스피어가 이 문제를 '직감적'으로 열린 가능성으로 놔둔 것이라고 보았다. 브리지스와 키츠에 의거해 논지를 전개하는 존 도버 윌슨은 「햄릿의 기질Hamlet's Make-up」이라는 독특한 제목의 글에서 이를 논하며 다음과 같은 결론을 내린다. 작가가 이를 의도했든 아니면 직감적으로 그렇게 둔 것이든 간에 결과적으로 햄릿의 캐릭터는 부유 상태에 놓여 있으며, 바로 이것이 극의 천재적 독창성에 해당한다고 말이다. T. S. 엘리엇 역시『햄릿』에 관한 유명한 글에서,『햄릿』에는 작가가 공개적으로 알리거나, 분명하게 주시하거나, 예술적으로 남김없이 형상화할 수만은 없는 소재들이 가득하다고 평가했다.[5]

작가가 이 작품에서 무언가를 공개적으로 '말할 수 없었던' 것인지, 아니면 그가 무언가를 의도적이든 직감적이든 어떤 배려 섞인 고려에서 '말하지 않으려던' 것인지는 별개의 문제이다. 분명한 것은 어떤 이유로 인해 이 작품에서 무언가가 열려진 채로 있다는 것이다. 앞서 거명된 세 명의 셰익스피어 권위자 T. S. 엘리엇, 로버트 브리지스, 존 도버 윌슨은 작가의 주관성에 지나치게 주안점을 두면서 희곡이 생성된 객관적 상황은 제대로 주목하지 않는다. 작가의 주관성에 관해 추측을 거듭하는 것은 햄릿의 병력이나 성격에 관한 무수한 설명 시도와 마찬가지로 결론이 나지 않기는 매한가지이다. 극작품을 활자화된 텍스트 형태로 살펴보고, 그것이 저술되었던 때의 구체적 상황을 고려해보면 사태가 명백하게 드러난다. 이 경우 왕비의 죄과 문제와 유사하게 역사적 현실의 일부가 극 속으로까지 스며들어 햄릿이라는 인물의 유형을 함께 결정짓는 것을 보게 된다. 이는 셰익스피어와 그의 후견인, 배우들, 그리고 그의 관객에게 실제적으로 주어졌던 당시의 시대상과 같은 것으로, 극 속 깊숙이 스며들어 모습을 드러내곤 했다. 달리 말하자면, 극중인물 햄릿은 극적 요소만으로 설

명될 수 없는 측면을 갖는다. 의도적으로든 아니면 직감적으로든
간에 주어진 시대조건들과 더불어 작품이 생성될 당시의 시대상
황이 극작품 속으로 함께 끌어들여졌는데, 이렇게 보면 햄릿이라
는 극중인물 뒤에 다른 인물이 자리하고 있었던 것이다. 당시의
관객들은 햄릿을 볼 때 이 다른 인물을 더불어 직시했다. 그렇지
않고서는 셰익스피어의 모든 작품 가운데 가장 길고 가장 난해한
작품에 해당하는 『햄릿』이 당시에 가장 인기를 끌던 작품이 될 수
없었을 것이다. 어떤 특정한 예술철학적 도그마가 우리의 눈을 가
리지 않는 이상, 오늘날에도 우리는 햄릿 이면에 놓인 이 인물을
인식해낼 수 있다.

　셰익스피어의 『햄릿』은 복수극으로 고안되었다. 그런데 이
복수극의 주인공이자 가장 중요한 인물이라고 할 수 있는 복수
자는 작가에 의해 믿기 어려울 만큼 기이한 방식으로 형상화되
었다. 이 기묘한 복수자는―당연하게도―진정한 복수자라기보
다는, 거의 그 반대에 가까울 정도로 고뇌에 찬 채 자신에게 부
여된 복수 청탁에 대해서도 확신하지 못하는 문제적 인물로 이
름을 알리게 되었다. 셰익스피어의 작품은 오직 복수자를 주제화
하는 방식을 통해 오늘날 우리에게 알려진 것과 같은 형태의, 전
형적인 복수극과는 전혀 다른 작품이 되기에 이르렀다. 복수 청
탁뿐만 아니라 복수심마저도 복수자 자신의 성찰 때문에 변질되
어버리는데, 여기서 복수자가 거듭하는 성찰이 복수를 수월하게
감행하기 위해 요구되는 실천적 수단과 방도를 궁구하는 데 그치
지 않고, 복수 자체를 윤리적이고 복잡한 문제로 만들기 때문이
다. 극의 형식을 대변하는 극중인물로서, 복수자이자 행위자여야
할 복수극의 주인공 스스로가 자신의 성격과 동기에 내면적 변형
을 겪게 된다. 우리는 이를 '복수자 유형의 햄릿화Hamletisierung des
Rächers'라고 부를 수 있다.

　바로 이 햄릿은 두 번의 긴 독백에서 심하게 자기질책을 하

면서 자기 자신을 복수로 몰아낸다. 그리고 햄릿의 "둔해진 결심을 벼리기" 위해 살해된 아버지의 혼령이 두번째로 나타난다.(3막 4장 111행) 3막 중간까지에 해당하는 극의 전반부 내내, 이 유별난 복수자는 살해된 자기 아버지의 혼령이 지옥에서 온 악마가 아니라는 점을(2막 2장 602~3행) 자기 자신에게 납득시키기 위해서 한 편의 연극을—그 의미에 걸맞게 유명해진 극중극은 48~52쪽에서 보다 상세하게 다뤄진다—'쥐덫'과 같은 장치로 설치한 것 말고는 복수 청탁의 실행을 위해 실제적으로 아무것도 하지 않는다. 셰익스피어가 활용했던 북유럽 영웅전설의 암레트는 그에게 복수를 촉구하는 혼령의 출현 같은 것을 필요로 하지 않는다. 북유럽의 암레트는 단 한순간도 자기 자신에 대한 회의를 품지 않는다. 그 역시도 셰익스피어의 햄릿처럼 광기를 가장하기는 하지만, 햄릿과는 정반대로 회의주의자가 아닌 목표의식이 뚜렷한 실천적 행동주의자로 처신한다. 북유럽 영웅전설의 암레트는 타고난 복수자이자 복수심에 불타는 진정한 투사이다. 릴리언 윈스탠리가 제대로 짚어 지적하듯이, 근대적 의미에서 복수극의 주인공이 하필이면 성찰로 인해 낙담하고 우유부단해진 햄릿이어야 한다는 데에는 실제로 역설적인 면이 없지 않다. 복수자 유형의 놀라운 변화와 복수극 주인공의 성격에 일어난 변형과 단절, 즉 거듭되는 성찰에 따른 무기력한 상태로의 예상치 못한 전환은 1600년에서 1603년 사이의 역사적 상황, 그 가운데에서도 가장 중심적 인물인 제임스1세를 통해서야 비로소 이해될 수 있다.

나는 셰익스피어의 햄릿이 제임스1세의 모사라고 주장하려는 것이 아니다. 그런 모사는 예술적이지 못할 뿐만 아니라 정치적으로도 불가능했을 것이다. 동시대사라는 관점에서 보면, 셰익스피어의 다른 작품들에서처럼『햄릿』에서도 셰익스피어 연구에서 자주 다뤄지곤 했던 다양한 역사적, 정치적 함의들을 발견하게 된다.『햄릿』에 대해 통찰력 있는 해석을 하려면 동시대적 영향의 다양한 층위와 방식을 구분해내는 것이 필수적일 것이다. 그렇지 않을 경우에는 무수한 일회성 암시들이 중대한 역사적 반영의 예들과 동급으로 취급될 위험이 있다. 셰익스피어의 작품들에는 분명 수많은 암시와 빈정거림이 등장한다. 그 가운데 여럿은 오늘날 거의 이해할 수조차 없고, 어떻게 보면 굳이 이해할 필요도 없는 것들이다. 이는 그때그때 상황에 따라 부수적으로 동시대의 사건들과 인물들을 극에 맞게 조정하고 참작하여 적용했던 것인데, 동시대인이라면 바로 이해할 수 있었던 것이지만 몇 년 지나고 나면 사람들이 거의 주목하지 않는 것이기도 했다.

여기서 의미하는 바가 무엇인지를 명쾌하게 보여주기 위해 이런 무수한 사례들 가운데 단순한 암시에 해당하는 세 가지 예를 『햄릿』에서 들어보도록 하겠다. 이 가운데 하나는 잘 알려진 것이고 다른 두 가지는 그다지 잘 알려져 있지 않다. 『햄릿』 4막(4막 4장 18행 이하)에서는 1601년에 잉글랜드인들이 스페인에 대항해 용감히 방어해냈던 오스텐드의 모래언덕이 당시의 잉글랜드 관객들만 이해할 수 있는 방식으로 암시된다. 1603년 7월에 있었던 제임스1세의 대관식이 『햄릿』 1막의 레어티즈의 말 가운데 암시된다는 점은 그다지 잘 알려져 있지 않은데, 레어티즈는 자신이 프랑스를 떠나 클로디어스 궁정에 온 이유로 왕의 대관식을 든다. (1막 2장 54행) 그런데 대관식은 두번째 사절판(1604~5년)에서야 비로소 언급되고 첫번째 사절판(1603년)에는 아직 등장하지 않는데, 이로써 1603년 7월 대관식과의 실제적 관련성이 입증된다고 할 수 있다. 이와 반대로 세번째 예에서는 현실적 이유 때문에 표현을 자제한 구절을 볼 수 있다. 햄릿은 자신의 독백 "살 것인가 아니면 죽을 것인가"(3막 1장 56행 이하)에서 자살을 택할 만한 일련의 근거들을 나열하는데, 첫번째 사절판에서는 삶을 등질 만한 동기로 '전제적 정권 a tirants raigne'이 등장한다. 이는 두번째 사절판부터는 빠져 있는데, 제임스1세가 이 문제에 관한 한 촉각을 곤두세우고 예민했기 때문이다.

이러한 암시적 구절들은 부수적 성격의 것으로, 오늘날에는 대체로 문학사적으로나 의미가 있는 정도이다. 극에서 볼 수 있는 동시대적 영향 가운데 두번째 방식에 해당하는 것의 경우에는 사정이 다른데, 이는 동시대적 요소의 진정한 반영 Spiegelung 이라고 부를 만한 것이다. 여기서는 동시대적 사건이나 동시대적 인물이 일종의 반사경처럼 극 속으로까지 영향을 미쳐 자기 노선과 색깔에 맞는 상을 형성해낸다. 우리의 주제인 햄릿과 관련된 한 가지 중요한 예로 에식스백작의 성격과 운명이 극에 미친 영향을 들 수 있다. 햄릿의 죽음(5막 2장 357~8행) 장면에서 호레이쇼가 하는 고별사가 에식스백작이 처형 직전 단두대에서 한 말이라는 점은 에드먼드 멀론 Edmond Malone* 이래로 자주 지적되곤 했다. 존 도버 윌슨 같은 전문가는 자신의 저서 『셰익스피어의 진면모 Essential Shakespeare』에서 만일 햄릿의 원형적 모델이 존재한다면 멜랑콜리적 기질과 몇 가지 다른 특성으로 볼 때 에식스백작이 이에 해당할 것이라는 견해를 표명하기까지 한다. 도버 윌슨은 자신이 편집한 『햄릿』 판본(Cambridge University Press, 1934)에 다른 어떤 그림도 아닌 에식스백작의 1594년도 초상화를 수록했다.

내가 보기에 에식스백작이라는 인물과 그 운명으로부터 뿜어져 나와 극작품 속으로 발산되는 이 강력하기 그지없는 영향력은, 살인자에 대한 폭로 이후에 이어지는 극의 두번째 부분과 주로 연관되는 듯하다. 이 두번째 부분은 복수극이라기보다는 햄릿과 클로디어스왕 간의 생사를 건 접전에 가깝다. 햄릿의 죽음에 관한 한 제임스1세가 그 모델이 될 수 없었다는 건 자명하다. 다른 한편 에식스백작의 구금과 처형은 세세한 사항까지 세간의 관심사였고, 셰익스피어가 속했던 집단은 이에 심히 동요된 상태였다. 이런 연유로 에식스백작의 성격과 운명에서 비롯된 몇 가지

---

* 1741~1812. 아일랜드 태생의 영국 학자로, 셰익스피어 작품의 진위성과 연대를 고증하기 위해 노력한 선구자로 평가받는다.

특징들이 대체로 제임스1세로부터 영향을 받아 형성된 햄릿의 형상에 함께 엮이게 된다. 이러한 엮임은 〈햄릿〉과 같은 종류의 연극에서 결코 부자연스럽지 않은데, 에곤 피에타Egon Vietta가 말한 것처럼 극작품은 일종의 "몽상적 틀"이기 때문이다. 꿈에서 사람과 현실이 서로 뒤섞여 넘나드는 것과 마찬가지로 무대 위에서는 형상과 인물, 사건과 정황이 몽환적으로 직조된다. 그러나 극의 결말부에서는 반영이라기보다는 우회적 빗댐에 해당하는 초보적 단계의 암시가 다시 등장한다. 죽어가는 햄릿은 포틴브래스를 자신의 후계자로 지명하고 그에게 자신의 결정에 해당하는 다잉 보이스dying voice, 즉 임종시 후계자에게 넘겨주는 상속권을 부여한다.(5막 2장 354행) 이 장면은 1603년 제임스의 즉위 이전에는 그에 대한 지지의 천명으로, 그리고 즉위 이후에는 제임스1세에 대한 충성서약 같은 것으로 작용했고 또한 그렇게 이해되었다는 점에서 분명 정치적인 의미를 갖는다.

피상적 암시와 실제적 반영 외에도 동시대적 현실로부터 파생된 영향력 가운데 세번째 유형이자 최상의 유형에 해당하는 것이 있다. 극의 구조까지도 결정짓는 진정한 의미에서의 침투가 바로 그것이다. 이러한 침투는 자주 있을 수도, 그리고 흔한 것일 수도 없지만, 그 파장은 깊고도 강력하기 그지없다. 이러한 침투에 해당하는 사례로 제임스의 아버지를 살해하는 데 메리 스튜어트가 가담한 것, 그리고 제임스1세를 고려해 극중 복수자의 유형에 변화가 생긴 것을 들 수 있다. 이것이 본래적 의미의 복수극에 오늘날 우리가 『햄릿』하면 떠올리게 되는 특별한 성격을 부여한다.

에식스백작의 삶과 죽음이 극 속에 반영되어 뚜렷한 흔적을 남기기는 했지만 그렇다고 해서 극의 첫번째 부분에는 햄릿-제임스, 두번째 부분에는 햄릿-에식스백작이라는 식으로 소위 두 종류의 햄릿이 존재한다는 얘기는 아니다. 우리는 여기서 무엇보다도, 역사적 사실이 극에 단순하게 반영된 경우보다 훨씬 중요하고

의미 있는, 진정한 침투의 사례가 모습을 드러낸다는 데 주목해야
한다. 극작품『햄릿』은 전체적으로 볼 때 그 기본 구조상 여전히
복수극으로 남아 있으며, 부친의 암살 그리고 모친과 살인자와의
혼인이 극의 토대로 유지된다. 복수자 유형이라는 문제틀도 다름
아닌 메리 스튜어트 아들의 동시대적 상황에서 연유하기 때문에
햄릿-제임스가 극의 주요 인물로 남게 된다. 즉 종교 분열과 그로
인한 종파적 내전의 세기였던 제임스 시대의 총체적 갈등 구조가
철학과 신학을 즐기던 왕 제임스1세를 통해 체현된다고 할 수 있
다. 햄릿을 다른 복수자 유형들과 차별화시키는 특성적 변형은
에식스백작의 운명과 성격으로도 규명할 수 없는 수수께끼와 같
은 것으로, 복수자의 실질적인 햄릿화 과정은 제임스1세와 그의
시대적 맥락 가운데에서야 비로소 제대로 설명될 수 있다. 바로
여기서 동시대적 상황과 비극 간의 연관이 선명하게 드러난다.[6]

제임스가 태어난 불운한 스튜어트가문은 그 어느 가문보다도
유럽의 종파 분열이라는 운명에 깊숙이 연루된 상태였다. 제임스
의 아버지는 살해되었고, 남편을 살해한 자와 혼인한 그의 어머
니는 종국에는 처형되었다. 제임스1세의 아들 찰스1세 역시 단두
대에서 죽음을 맞았고, 손자는 왕위를 박탈당하고 망명중에 숨을
거두었다. 즉 스튜어트가문 가운데 두 명은 단두대에서 죽었고,
스튜어트라는 이름을 가진 열일곱 명의 통치자 가운데 여덟 명만
이 오십 세에 이를 수 있었다.[7] 제임스1세는 이 가운데 한 명이자,
왕좌에 있는 동안 자연사로 세상을 뜬 몇 되지 않는 스튜어트가문
출신 가운데 한 명이다. 그럼에도 불구하고 그의 삶 자체는 산산
이 분열되고 위태롭기 그지없는 것이었다. 그는 겨우 한 살 반의
나이에 왕좌에 앉혀졌다. 모든 정파들이 그를 대신해 섭정을 하
고자 애썼다. 그는 강탈당하고 납치되었으며, 체포되어 구금 상
태에 처해졌고 죽음의 위협에 시달렸다. 어린 소년 때부터 청소
년이 될 때까지도 그는 종종 바로 달아날 수 있게 옷을 입은 채 몇

밤을 꼬박 새우곤 했다. 그는 가톨릭 세례를 받았지만 어머니로부터 강제로 격리되어 자기 어머니의 적수들에 의해 프로테스탄트적으로 키워졌다. 그의 어머니 메리 스튜어트는 로마 가톨릭 신앙의 신봉자로서 죽음을 맞이했다. 그녀의 아들은 스코틀랜드의 왕위를 상실하지 않기 위해 프로테스탄트들과 연합해야만 했다. 그는 잉글랜드의 왕권을 손에 넣기 위해 자기 어머니의 원수인 엘리자베스여왕과도 잘 지내야만 했다. 이처럼 그는 말 그대로 태어날 때부터 이미 자기 시대의 분열 한가운데로 내던져졌다고 할 수 있다. 그가 약삭빠르고 일구이언에 능했던 것이나 자신의 적수들을 기만하는 법을 체득했던 것은 결코 놀랄 만한 일이 아니다. 그는 믿기지 않을 정도의 용기를 과시하기도 했고, 갑작스레 분출하는 폭력성을 드러내기도 했다.

가톨릭을 신봉하는 자기 어머니와 프로테스탄트인 어머니의 적들 사이에서, 간계에 능한 왕족과 다툼을 일삼는 귀족 무리 사이에서, 광신적 논쟁을 거듭하는 사제와 설교자들 사이에서 힘겹게 자기주장을 해야 했던 이 불운한 가문 출신의 아들은 대단한 독서가이자 저술가였고, 통찰력 있는 대화와 재기 넘치는 표현을 즐기던 이로, 신학적 이견과 논쟁의 시대를 산 저명한 작가이자 논쟁가였다. 그는 1597년에 『악마론 *Daemonologie*』을 집필했는데, 이 책에서 그가 유령 출몰 현상을 다뤘던 방식은 이 문제가 셰익스피어의 『햄릿』에서 이해되는 방식과 비슷하다. 햄릿을 의구심과 우유부단으로 이끈 건 다름아니라 자신에게 나타난 아버지의 혼령이 지옥에서 온 악마는 아닌가 하는 섬뜩한 의문이었다. 이러한 의문은 가톨릭의 악마론과 프로테스탄트의 악마론이라는 당대의 대립 구도에 대한 이해를 통해서만 의미와 구체성을 지닐 수 있다.[8] 그런데 무엇보다도 제임스1세는 논문과 논쟁을 통해 왕의 신적 권리를 열성적으로 옹호했다. 이 역시도 셰익스피어의 극작품들 가운데 특히 『햄릿』에서 다시금 등장한다.[9] 왕의 신적 권리와 관련해 제임스1세는 로베르토 벨라르미노Roberto Bellarmino 추기경이나 신토마스주의의 조직신학론자에 해당하는 프란치스코 수아레스Francisco Suarez와 같은 저명한 예수회 출신 사람들과—물론 완전히 소용없는 일이기는 했지만—열띤 논쟁을 벌이기도 했는데, 이 예수회 출신의 두 인물은 제임스1세보다는 한층 근대적인 입장이었다. 왕의 신적 권리는 제임스1세가 실제로 평생 동안 몰두했던 사안이자 실존의 문제였다. 이는 그에게 신성한 혈통계승권에 해당하는 것으로, 찬탈자가 아닌 오직 합법적 승계에 따라 왕위에 오른 왕들에게만 귀속된 권리였다. 이렇게 볼 때 제임스1세의 이론들은 그의 실존에 잘 들어맞는 것이었다. 그가 처한 현존재적 상황은 산산이 분열된 상태였지만, 그렇다고 해서 그의 의식까지 짜깁기되거나 꿰맞춰진 것은 아니었다.[10]

그러나 제임스1세의 이러한 이데올로기적 입장은 전혀 가망이 없는 것이었다. 가톨릭교도와 프로테스탄트교도, 예수회원, 칼뱅주의자와 청교도주의자, 특히 위험스럽기 그지없는 계몽주의자들은 그의 이론들뿐 아니라 그에 관한 이미지까지도 파괴해 그를 끝장내버렸다. 그의 정치적 적수들이 내세운 프로파간다는 제임스1세로부터 혐오스럽고 반미치광이 같은 편집광 이미지를 만들어냈는데, 가느다란 다리에 휘둥그레진 눈을 하고 침 떨어지는 혀를 단 우스꽝스러운 뚱보 이미지가 바로 그것이다. 한편 제임스1세를 옹호했던 지성인들도 있는데, 그 가운데 저 유명한 벤저민 디즈레일리의 아버지인 아이작 디즈레일리Isaak Disraeli를 언급할 필요가 있다. 그는 이러한 정치적 풍자가 그저 우스갯소리에 불과하다고 지적하면서, 만약 제임스1세가 큰 성공을 거두었더라면 문인으로서도 프리드리히대왕과 같은 명망을 누렸을 것이라고 주장한다. 그러나 제임스1세에 관한 부정적 이미지는 오늘날까지도 지배적이다. 1952년에 출간된 킬 출신 역사가 미하엘 프로인트Michael Freund의 영국혁명의 역사에 관한 책에서도 제임스1세는 기괴한 인물로 묘사된다. 하지만 이 불행한 스튜어트왕가 출신이 자신의 무력한 의지에도 불구하고 대다수의 동시대인들보다 훨씬 분명하게 상황 파악을 하고 있었다는 점만큼은 미하엘 프로인트 역시 인정해야만 할 것이다.

이 왕에 대한 일그러진 상은 셰익스피어의 햄릿과 이 왕의 연관관계를 인식하는 데 상당한 장애가 되고, 대다수의 셰익스피어 연구가를 질겁하게 만든다.[11] 그럼에도 불구하고 복수자 유형의 변형이 오직 제임스1세의 역사적 현실을 통해서만 설명될 수 있다는 것은 분명하다. 종파 분열의 시대에는 세계와 세계사가 그 확고한 형태를 상실하게 되면서 인간실존적 문제틀이 가시화된다. 하지만 어떤 순수미학적 고려도 이 인간실존적 문제틀로부터 복수극의 주인공을 창조해내지는 못한다. 역사적 현실은 어떤 미학보다도, 나아가 천재적이기 이를 데 없는 그 어느 주체보다도 강력하다. 그의 숙명과 성격으로 볼 때 자기 시대 분열상의 산물 그 자체였던 한 군주가 자신의 고유한 실존 속에서 비극 작가의 눈앞에 서 있던 것이다. 당시 셰익스피어와 그의 친우들은 차기 왕위계승자로 제임스에게 승부를 걸었다. 혼란과 위기로 점철된 절망적 순간에 그는 그들에게 희망이자 꿈이었던 것이다. 1601년 2월 25일 에식스백작의 처형과 더불어 엘리자베스여왕 시대가 저물었고, 셰익스피어에게 가장 친숙하고 아름다웠던 사회적 세계가 무너져버렸다고 한 존 도버 윌슨의 말은 옳다. 제임스1세는 작가와 배우들의 기대를 저버리고 실망시켰다. 그러나 기대와 꿈은 어느새 기발한 극작품 속으로 스며들었고, 햄릿이라는 인물은 세계와 세계사 속으로 들어섰으며, 이로써 신화가 탄생하게 되었다.

비극의 원천

극에 등장하는 왕비의 죄과와 복수자의 형상 속에 두 가지 두드러진 동시대적 사건이 스며들어 있다는 점을 알게 되자마자, 우리는 다음과 같이 대단히 난해한 문제에 봉착하게 된다. 예술작품을 고찰하면서 역사적 설명을 끌어들여도 되는가? 도대체 비극은 비극을 비극이게 하는 사건을 어디에서 취하는가? 같은 맥락에서 보다 일반화시켜 묻자면, 비극의 원천은 대체 무엇인가?

이 정도로까지 질문을 일반화시키는 것이 연구자의 사기를 떨어뜨리는 일일지도 모르겠다. 이에 수반되는 어려움은 일차적으로는 연구 방식상의 문제로 보인다. 여러 학문 분야와 분과는 극도로 진행된 노동분업으로 인해 전문화되기에 이르렀다. 문학사가는 정치사가와는 다른 자료를 가지고 상이한 관점에 입각해 연구 작업을 수행하곤 한다. 예를 들어 셰익스피어와 그의 작품 『햄릿』은 문학사가의 영역에 속하는 반면 메리 스튜어트와 제임스는 정치사가의 관할 주제라고 할 수 있다. 이러한 연유로 햄릿과 제임스를 함께 다루기가 어려워진다. 이 두 대상 간에 놓인 간극이 너무나도 크기 때문이다. 문학사가라면 작품의 원천을 선행 작가나 셰익스피어가 활용했을 법한 저서와 같은—이를테면 셰익스피어가 자신의 희곡 『율리우스 카이사르』에 플루타르코스Plutarchos를, 우리가 다루는 『햄릿』에는 16세기에 문학적으로

각색된 삭소 그라마티쿠스Saxo Grammaticus*의 북유럽 전설을 활용한 것처럼—문학적 전거 가운데서 찾으려 하기 마련이다.

또다른 어려움은 널리 유포된 예술철학과 미학의 관점으로부터 기인한다. 여기서 노동분업에 따른 전문화 문제와의 연관을 거론하지는 않겠다. 다만 예술철학자들과 미학을 가르치는 선생들이 예술작품을 역사적이거나 사회학적인 현실로부터 단절된, 일종의 자기완결적이고 자율적인 창조물로 간주해 오직 그 자체로만 이해하고자 하는 경향이 있다는 점을 지적해두어야겠다. 위대한 예술작품을 그것이 생성된 시기의 정치적 현실과 연계시키는 것이 이들에게는 순전한 미적 아름다움을 흐리고 예술적 형식의 고유한 가치를 떨어뜨리는 행위로 비춰질 뿐이다. 이 관점을 따르자면 비극의 원천은 작가의 자유롭고도 독립적인 창조력에 있다.

이로써 우리는 엄격한 차이 두기와 근본적인 편 가르기, 상반된 접근 방식들에 내재하는 장애와 장벽, 자기들만의 신분증과 확인서만을 인정하고 자기들만의 통행증만 유효한 것으로 간주한 채 다른 이에게는 진입도, 통행도 허용하지 않도록 보완 확대된 가치 체제들에 직면하게 된다. 셰익스피어의 『햄릿』을 고찰하면서 우리는 이러한 위험스러운 분열을 피해 보다 나은 길을 찾으려고 시도해보자. 이 과정에서 우리는 독일적 교양 전통 가운데 뿌리내린 사고가 이러한 어려움들을 더 증폭시킬 수 있다는 점까지도 자각하고 있어야만 한다.

비극의 원천

---

* 1160?~1220?. 덴마크의 역사가. 그가 쓴 『덴마크인의 사적事績』은 신화 시대부터 당시까지의 덴마크 역사를 담은 12권의 방대한 저술로, 고대 북유럽 신화와 전설의 보고이다.

작가의 창작의 자유

독일인들은 시인을 임의로 선택한 어떤 원천으로부터든 뭔가를 창조해내는 천재로 간주하는 데 익숙해져 있다. 18세기 독일의 질 풍노도 시기에 만들어진 천재에 대한 숭배적 예찬 문화는 셰익스 피어의 소위 자의적 창조에 대한 강조에서도 볼 수 있듯이 독일 예술철학에서 일종의 신조가 되기에 이르렀다. 시인의 창작의 자유 는 이로써 예술가적 자유의 징표이자 주관성의 중심으로 자리잡 게 된다. 천재성이 예술가를 추동하는 상황이라면, 예술가가 자 신의 고유한 경험이나 다른 이들의 경험, 책이나 신문 단신 같은 것을 자신의 의도에 따라 어떻게든 예술적으로 활용하지 않을 까 닭이 없지 않은가. 예술가는 깊숙이 파고드는 식의 예술적 개입을 통해 관련 소재를 아름다움이라고 하는 완전히 다른 영역으로 유 인해내기 때문에, 역사적이고 사회학적인 문제들은 이 영역 안에 서는 걸맞지 않고 무미건조한 것이 되어버린다. 옛 시학이 '시적 허용'이라 지칭했던 것을 독일 문화권에서는 '창작의 자유'로 해 석하면서, 바로 이 창작의 자유 가운데 천재적 시인의 독창적 완 숙성이 드러난다고 보는 것이다.

독일의 미학적 개념들이 일반적으로 희곡보다는 서정시에 의 해 규정된 면이 많다는 점도 덧붙여두어야겠다. 문학창작술이라 고 하면 독일 문화권에선 보통 희곡보다는 서정시를 우선적으로 떠올린다. 그런데 서정시가 창작적 경험에 대해 갖는 관계는 비극 이 신화적이거나 시대사적인 소재에 대해 갖는 관계와는 전적으 로 다른 것이다. 서정시는 비극과는 달리 특정한 소재적 원천을 갖지 않으며, 단지 주관적 경험을 창작의 출발점으로 삼는다. 우 리 시대의 가장 위대하고 형식에 민감한 시인 가운데 한 명인 슈 테판 게오르게 Stefan George는 이 문제와 관련해 대략 다음과 같은 말을 한 적이 있다. 예술가의 체험은 예술 작업을 통해 예술가 자신에게조차 거의 의미가 없어질 정도로 변형을 겪기 때문에, 예술가의 특정 체험에 대한 진위를 따지는 것은 예술가를 제외한 다른 모든 이들에게도 사태를 규명하기보다는 도리어 혼란을 가중시킨다고 말이다. 슈테판 게오르게의 이러한 견해는 서정시의 경우에 잘 들어맞는 듯하고, 괴테의 연애시를 해석하면서 괴테 자신의 연애 체험을 세세히 따져 묻는 자를 논박하는 데도 도움이 될지 모르겠다. 그런데 서정시인에게 현실에 맞설 수 있도록 자유재량의 공간을 제공하는 역할을 하는 창작의 자유는 문학 창작의 여타 유형과 형태에까지 그대로 적용할 수 있는 것이 아니다. 서정시인의 주관성에 상응하는 창작의 자유는 객관성의 영향 아래 놓인 서사시인의 창작의 자유나 극작가의 창작의 자유와는 사뭇 다르기 때문이다.

잘 알려져 있듯이 독일인들은 극작가에 관한 한, 고전문학의 거장들로부터 형성된 나름의 이미지를 갖고 있다. 레싱, 괴테, 실러, 그릴파르처Grillparzer, 헤벨Hebbel 같은 독일 문화권의 위대한 극작가들은 자신들의 희곡을 책으로 출간하고자 저술했다. 이들은 문학적 골방작가로, 책상에 앉거나 필기대에 선 채로 집필 작업을 해 출판업자에게 고료를 받고 인쇄용 수고를 넘겼다. 여기서 골방작가Heimarbeiter라는 용어는 과소평가하는 의미로 쓰인 것이 아니다. 이는 우리의 문제에 중요한 사회학적 사태를 명료하고도 적절하게 드러내는 표상적 용어로, 우리의 논의 맥락에서 볼 때 필수적이기까지 하다. 셰익스피어의 작품들은 이와는 전혀 다른 방식으로 생성되었다. 셰익스피어는 자신의 작품들을 후세가 아니라 현실에 존재하는 런던의 관객을 위해 썼다. 사실 셰익스피어가 자신의 작품들을 순수하게 창작했다고 말할 수 없을지도 모르겠다. 그는 상당히 구체적인 수신인을 염두에 두고 작품을 서술했기 때문이다. 셰익스피어 희곡 가운데 어느 하나도 상연되기 전에 미리 읽거나 인쇄된 책 형태로 접할 관객을 위해 쓰여지지 않았다.

예술과 예술작품, 희곡과 극작가에 관해 지금까지 거론된 이 모든 관념들은 독일적 교양 전통에 속하는 것으로, 셰익스피어와 그의 저작에 대한 우리의 선입견 없는 시각을 가로막아왔다. 인간 셰익스피어를 둘러싼 논쟁은 완전히 제쳐두도록 하자. 한 가지 확실한 것은, 그는 출판물로서의 희곡을 문학적으로 생산해내던 골방작가가 결코 아니었다는 점이다. 그의 작품들은 런던의 궁정과 런던의 대중, 그리고 런던의 배우들과의 직접적인 접촉 가운데 탄생했다. 동시대적 사건 및 인물들과의 의도적인 또는 의도치 않은 연관은 단순한 암시로서든 실제적 반영으로서든 저절로 생겨날 수밖에 없었다. 정치적 긴장과 선동의 시대에 이러한 연관은 전적으로 불가피한 것이었다. 우리는 이러한 사정을 우리의 현재적 시점에서도 알고 있는데, 우리 사회에서 1954~55년 무렵부터 시대적 소재를 다룰 때 흔히 등장하는 다음과 같은 문구를 떠올려보자. "이 작품 속의 모든 인물과 사건은 창작된 것으로, 지난 시대의 인물이나 사건과 닮은 점이 있을 경우 이는 단순히 우연에 의한 것이다."

내가 『햄릿』의 저자를 오늘날 영화나 시대극을 제작하는 이들과 동일한 지평에서 다루려 한다는 식의 혐의는 두지 않기를 부탁드린다. 다만 내가 보기에 시사정치적 맥락을 유사한 비교 대상으로 제시하는 것이 이해에 도움이 되기도 하고, 셰익스피어 역시 필요할 경우 자신의 작품을 상연하기 전에 앞의 문구를 게시하는 것을 분명 꺼리지 않았을 것이다.

지금까지의 모든 논의는 극작가에 대한 심리학이나 사회학뿐만 아니라 극 자체의 개념이나 비극적 사건의 원천에 관한 우리의 질문에도 큰 의미를 지닌다. 구체적으로 말하자면 모든 극작가의 소위 자유로운 창작에는 일정한 한계가 존재한다는 점이 여기서 분명하게 드러난다. 극작가 스스로 이미 잘 파악하고 있는 관객 앞에서 바로 상연할 목적으로 쓰여진 극작품의 경우에,

이를 쓴 작가는 자기 관객과 심리학적, 사회학적 상호관계에 놓여 있을 뿐만 아니라 관객과 공유하는 공론의 장에 서 있다고 할 수 있다. 관람석에 모인 관객은 실제로 자리함으로써 작가, 연출가, 배우들과 더불어 관객 자신까지 함께 아우르고 이 모두를 통합하는 일종의 공론장을 형성한다. 자리를 함께한 관객은 극의 줄거리를 이해해야만 하는데, 그렇지 못할 경우에는 관객이 극의 전개를 더이상 따라가지 못해 공론장이 해체되거나 한낱 연극 스캔들로 끝나고 만다.

이러한 공론장과 더불어 극작가의 창작의 자유에도 특정한 경계가 주어진다. 이 경계는 자연스레 준수될 수밖에 없는데, 무대 위에서 벌어지는 바가 관객의 앎과 기대로부터 지나치게 벗어나 이해할 수 없거나 무의미한 것이 되어버릴 경우에 관객은 더이상 극의 진행을 따라가지 않을 것이기 때문이다. 관객의 사전 지식은 연극의 본질적 구성요소 가운데 하나이다. 또한 극작가가 자신의 극 속으로 엮어내는 환상들도 현재적 사건들에 대한 함축과 문학적 전이를 통해 관객이 상상할 수 있는 것이어야 한다. 서정시인의 창작의 자유는 서사시인이나 소설가의 창작의 자유와는 전혀 다른 사안이다. 극작가의 주관성과 자의적 창작에 관한 한, 객석에 자리해 극을 좇아가는 관객이 가지고 있는 사전 지식과 이러한 관객의 존재가 형성하는 공론의 장 가운데 이미 창작의 자의성을 제한하는 확고한 경계가 존재한다고 할 수 있다.[12]

셰익스피어가 자신의 문학적 전거를 동원하면서 드러내 보이는 소위 무한정한 자유에 속아 넘어가서는 안 된다. 이 자유는 실로 상당한 정도일 수도 있다. 그리고 셰익스피어가 문학적 전거들을 이용하는 데 보인 자유재량은 "본질적으로 반역사적"이라고 지칭할 만한 여지를 제공하기도 했다.[13] 하지만 자유재량권처럼 보이기까지 하는 셰익스피어의 문학적 전거 활용의 자유라는 것도, 알고 보면 실제로 존재했던 런던의 셰익스피어 관객과 당대 현실에 대한 관객의 사전 지식을 이어주는 매우 견고한 연계의 이면에 불과하다. 역사적 과거에 관한 지식을 전제로 하는 시대극에서는 관객의 사전 지식이 동시대적 시사 문제를 다루는 작품에서와는 다른 방식으로 동원된다. 시대극은 관객에게 잘 알려져 있고 특정한 심상과 예견을 불러일으키는 인물과 사건, 즉 작가가 작업하는 소재를 직접적으로 거명한다. 관객이 보유한 이런 종류의 역사적 지식과 관련해 장 파울Jean Paul의 다음과 같은 언급이 의미가 있을 듯하다.

> 예를 들어 소크라테스나 카이사르같이 잘 알려진 역사적 인물은 작가가 그를 호명하면 마치 군주처럼 등장해 자신이 누구인지를 사람들이 알고 있을 것으로 전제한다. 여기서는 하나의 이름이 여러 상황들의 집합인 셈이다.

햄릿의 경우와 같이, 관객이 이미 사전에 알고 있기 때문에 극중에서도 바로 알아볼 수 있는 동시대적 인물이 가명으로 등장하는 경우에는—이 경우에도 중심 인물에 대한 인지도는 시대극에 비해 조금도 떨어지지 않는다—사정이 조금 다르다. 여기서는 속이 훤히 들여다보이는 익명성이 현실을 아는 관객과 청중의 긴장과 관심을 고조시키는 것이다. 바로 이 상황이 우리가 여기서 다루는 햄릿-제임스1세의 경우에 해당한다.

유희와 비극적인 것

관객의 사전 지식이 연극의 본질적 요소 가운데 하나이고, 대중 관객이 언어 및 유희 규칙의 운용에 주목한다는 것과 더불어 또하나 중요한 사실은, 연극 자체가 본질적으로 유희라는 점이다. 극작품은 상연됨으로써 향유될 뿐 아니라 하나의 작품으로서 그 자체로 유희이기도 하다. 특히 셰익스피어의 작품들은 희극이든 비애극이든 간에 진정한 극적 유희라고 할 수 있다. 유희는 자신만의 고유한 영역을 가지고 있으며 자기만의 공간을 창출하는데, 그 안에서는 문학적 소재 면에서뿐 아니라 작품 생성 과정에서도 상당한 자유가 발휘된다. 이렇게 해서 일종의 고유한 유희적 공간과 유희적 시간이 생겨난다. 그리고 이것이 자기완결적이고 외부에 대해 자립적인 순수한 과정으로서의 허구를 가능하게 한다. 이런 연유로 셰익스피어의 극작품들은 어떤 역사적, 철학적, 알레고리적 함의와 외부적 고려 없이도 순수한 유희로서 상연될 수 있는 것이다. 이는 비극 『햄릿』의 경우에도 마찬가지이다. 『햄릿』 또한 극의 대부분과 대개의 장면은 순수한 유희라고 할 수 있다. 이 점은 이미 오토 루트비히Otto Ludwig가 자신의 희곡 연구서를 통해 지적하고 온당히 강조한 바 있다.[14]

나는 무대에서 상연되는 〈햄릿〉을 보면서 제임스1세를 떠올려야 한다는 식의 무리한 요구를 하려는 것이 아니다. 그리고 셰익스피어의 햄릿을 역사상의 제임스1세에 견주어 평가하거나, 역으로 제임스1세를 햄릿에 견주려는 것도 아니다. 훌륭하게 연출된 연극 〈햄릿〉을 마주하고도 역사적 자취들을 쫓느라 극에 집중하지 못하는 것은 분명 어리석은 일일 것이다. 그러나 우리는 비애극과 비극을 구별해야만 한다.[15] 유감스럽게도 독일에서는 비극Tragödie이라는 용어를 단순히 비애극Trauerspiel이라는 단어 쪽으로 고착시켜 이 둘의 고유한 의미를 희석시키는 데 익숙해져버렸다. 주인공의 죽음과 더불어 종결되는 셰익스피어의 희곡들은 당연히 비극이라 불리고, 『햄릿』도 비극적 역사tragical history나 비극tragedy이라는 제목을 달고 있다.

그럼에도 불구하고 비극적인 것의 특수성이 상실되지 않고, 실제로 비극적인 사건의 진정성이 사라지지 않게 하기 위해서는

비애극과 비극을 구별하고 분리하는 것이 필수적이다. 오늘날에
는 유희에 관한 광범위한 철학 그리고 신학마저 존재한다. 그런데
다른 한편으로, 신에게 의지하는 자기 자신과 자신의 지상적 현
존재를 신적 유희의 산물로 자각하곤 하는 진정한 신앙심도 항상
존재해왔다. 다음의 프로테스탄트 찬송가는 이를 잘 보여준다.

신 안에서 모든 사물들은 자기 근거와 목적 가운데에 있다네,
인간이 성취한 것도 실은 신의 거대한 유희일 뿐.

유대교 신비주의자들의 말을 본보기로 삼아 루터는 신이 매일같
이 몇 시간 동안 리바이어던과 놀이를 즐긴다고 말하기도 했다.
루터파 신학자 가운데 한 명인 카를 킨트 Karl Kindt 는 셰익스피어
의 희곡이 "비텐베르크풍의 작품"이라고 설명하면서 햄릿을 "신
의 장기말"로 해석했다.[16] 가톨릭과 프로테스탄트라는 양대 종파
의 신학자들은 솔로몬의 잠언 8장 30~31절을 인용하는데, 이 구
절은 루터의 번역에 따르면 다음과 같다. "신이 만물의 기초를 세
웠기에 나는 그에 복무하는 직공과 같은 존재였고, 매일같이 즐겁
게 언제나 신 앞에 맡은 역을 수행했다네, 다름아닌 신의 대지에
서." 또한 불가타* 번역에 따르면 마지막 문장은 다음과 같다. "대
지에서 전개되는 신의 유희 *ludens in orbe terrarum*".

우리는 여기서 앞의 난해한 부분을 설명해낼 수 없을 뿐만 아
니라, 교회의 예배와 봉헌의식이 이 심오한 유희 개념에 대해 갖
는 관계를 이 자리에서 규명하고자 하는 것도 아니다. 셰익스피
어의 희곡은 분명 교회의 예배 의식과는 아무런 관련이 없다. 셰
익스피어의 희곡은 종교적이지 않을 뿐만 아니라, 프랑스의 고
전극과 같이 국가의 절대성에 의해 규정된 틀 안에 자리잡은 것

* 성 히에로니무스가 5세기 초에 라틴어로 완역하여 가톨릭 교회에서 널리
  사용되고 있는 성서의 이름.

도 아니다. 신이 우리를 장기말 삼아 유희를 즐긴다는 식의 사고는 우리를 절망적 아이러니의 심연 혹은 끝없는 불가지론의 나락으로 떨어뜨릴 수 있지만, 어떻게 보면 우리를 낙관적인 변신론辯神論으로 고양시킬 수도 있다. 그러니 이 문제는 여기서 제쳐두도록 하자.

그 밖에도 유희Spiel라는 단어는 특히 독일어에서 무수히 다양한 측면과 서로 대조되기까지 하는 용례 가능성을 보여준다. 손수그리거나 인쇄된 악보의 음표들에 따라 바이올린을 켜고, 피리를불거나 북을 치는 사람은 자신이 이런 식으로 음표에 맞춰 하는 모든 행위를 총칭해 '연주한다spielen'라고 말한다. 특정 운동 규칙에따라 공을 차거나 치는 행위를 표현할 때도 독일어로는 동일하게'spielen'이라고 한다. 어린아이들이나 활발한 고양이들은 특히나 노는spielen 데 집중하는데, 이러한 놀이의 매력은 바로 정해진규칙을 따르는 게 아니라 전적으로 자유롭게 논다는 데 있다. 이렇게 해서 유희 또는 놀이Spiel라는 개념 아래—전능하고 전지적인 신의 섭리부터 비이성적 존재의 행위에 이르기까지—다양하고 때로는 대조적이기까지 한 것들이 포괄될 수 있다.

이러한 개념적 혼란에 직면해—최소한 우리 가련한 인간에게—유희란 근본적으로 비상사태의 반대를 의미한다는 점만은확실히 해두자.[17] 유희가 시작되는 곳에서 비극적인 것은 중단된다. 이 유희가 우리를 눈물짓게 만들고, 슬퍼하는 관객에게는 슬픈 유희이자 심오하기 그지없는 비애극일지라도 말이다. 보통 비극이라고 불리는 셰익스피어의 비애극들에서도 분명 유희적 성격이 드러나곤 한다. 하지만 그렇다고 해서 셰익스피어의 비애극에서 유희로도 가려질 수 없는 비극적 요소를 경시해서는 안될 것이다.

극중극: 햄릿이냐 헤쿠바*냐

이미 상당히 바로크적이었던 이 시기—1600년경—삶의 정서와
더불어 전체로서의 세계는 세계극장Theatrum Mundi, 자연극장Theat-
rum Naturae, 유럽극장Theatrum Europaeum, 전쟁극장Theatrum Belli, 시장
극장Theatrum Fori 식으로 무대화되기에 이르렀다. 이 시대에 행동
하는 인간은 자신이 관객 앞의 무대에 섰다고 느꼈고, 자기 자신
과 자신의 행위를 스스로에게 주어진 역할의 극적 성격을 통해 이
해하곤 했다. 무대에 선 듯한 이런 느낌은 다른 시대에도 존재했
지만 바로크 시대에 특히나 강렬했고 만연해 있었다. 공론장에서
의 행위는 무대 위에서 벌어지는 행위나 다름없는, 일종의 극적
역할 같은 것으로 인식되었다.

> 궁정을 주요 활동 무대로 하는 이들의 삶보다
> 더 극적인 요소와 극적인 무대를 보여주는 것은 없을
> 것이다.[18]

제임스1세도 자신의 아들에게 그가 왕으로서 무대에 선 것이고
모든 시선이 그에게 집중되어 있다는 점을 항상 염두에 두어야 한
다고 훈계하곤 했다.
  삶에 대한 바로크식의 극화는 셰익스피어가 살았던 엘리자베
스 시대의 잉글랜드에서는 아직 자유롭고도 초보적인 형태였다.
이 시기 잉글랜드에서 바로크식의 극화는 루이14세 때 프랑스의
코르네유Corneille와 라신Racine의 연극처럼, 절대국가라는 확고한

---

* 그리스 신화에 나오는 트로이의 왕비. 고대 그리스어로는 '헤카베Hekabe'라
  읽는다. 트로이전쟁으로 남편 프리아모스왕과 자식들을 잃고 나서 개로
  변했다는 전설이 있다. 에우리피데스의 비극 작품들을 통해 비극적 여인상으로
  부각된다.

틀 안에서 절대국가에 의해 형성된 공적 안정, 안보와 질서 가운데 조직적으로 편성된 것은 아직 아니었다. 이러한 고전극과 비교하면 셰익스피어의 연극은 희극적 측면이나 비극적 측면에서 볼 때 잔악하고 초보적이고 야만적이며, 당대에 정치적이라는 용어가 절대국가적 의미에서 사용된 것을 고려할 때 아직 정치적인 것도 아니었다.('보론 2: 셰익스피어 희곡의 야만적 성격에 관하여'를 비교 참조하라.)

상연된 극작품 속의 현실과 실제적 현재를 살아가며 얻게 되는 현실성을 서로 대치시키지 않기에, 셰익스피어적 연극은 당대 현실을 구성하는 하나의 요소이자, 사회적 행위를 상당 부분 극적 역할처럼 인지하곤 했던 한 공동체 내의 현실을 보여주는 본질적인 무대와 같은 것으로서 큰 영향력을 행사했다. 사회가 무대 위에 함께 자리하고 있었던 셈이다. 무대 위의 연극은 인위적 기교 없이도 극중극으로, 다시 말해 실제의 삶 가운데서 펼쳐지는 현실이라는 극에 기대고 있기 때문에 생동감 넘치는 무대 위의 극으로 연출될 수 있었다. 무대극은 삶의 직접적 현실과 유리되지 않기에 유희이면서도 현실로 고양될 수 있었다. 여기에 『햄릿』의 3막에서 인상 깊게 구현되는 극중극까지 더해져 이러한 고양이 이중으로 가능하게 되었다. 사실 극중극에 앞서 등장하는 팬터마임, 즉 무언극dumb show까지도 비극적 사건의 현실적 요체를 비춰주기 때문에 이중이 아니라 삼중이라고 말할 수도 있겠다.

이 극중극은 무대 뒤편을 들여다보는 시선과는 조금 다른 것이다. 극중극은 무엇보다도 19세기 사회혁명의 과정에서 생겨난 배우극과 혼동되어서는 안 된다. 배우극에서는 무대 세트가 뜯겨나가고 배우가 쓴 가면도 무대 위에서 벗겨진 채, 배우가 자기 자신을 그저 원초적인 인간존재로 표상하거나 아니면 억압받는 계급에 속한 자로 등장시킨다. 19세기에 알렉상드르 뒤마Alexandre Dumas는 이런 식으로 그 유명한 셰익스피어 전문배우 에드먼드

킨Edmund Kean을 한 극작품의 주인공으로 삼았고, 우리가 속한 20세기에는 장폴 사르트르Jean-Paul Sartre가 불과 얼마 전에 본질적인 면에서 뒤마와 큰 차이 없이 이를 재현해냈다. 이 두 작품의 경우를 보면, 뒤마와 사르트르가 마찬가지인데, 무대 위에서, 말하자면 극작가가 자신의 작품 안에 만들어놓은 공론의 장 가운데서 세상의 부조리를 폭로하는 식으로 극이 진행된다. 가면과 무대 세트 따위는 부수적인 것이라 옆으로 치워지는데, 이 과정 역시도 그저 무대 위에서 극으로 연출되는 것에 불과하다. 관객은 개인심리학적이거나 사회적인 문제에 관해 가르침을 받는 입장에 놓이게 되고, 결국 연극은 토론이나 프로파간다로 옮겨가고 만다. 이러한 상황에서 카를 마르크스Karl Marx가 한 쓴소리를 조금 변용해 다음과 같이 말할 수도 있겠다: 배우의 해방은 배우가 주인공이 되고, 주인공이 배우가 될 때 완성된다.

셰익스피어의『햄릿』3막에 등장하는 극중극은 무대 뒤편을 들여다보는 시선 같은 기능을 하지 않는다. 그런데 그보다 앞선 2막에서 햄릿과 배우들이 조우하는 장면은 무대 뒤편의 상황을 조망하는 부분이라고 할 수도 있다. 햄릿과 배우들 간의 대화, 햄릿 앞에서 펼쳐지는 배우들의 낭독, 그리고 햄릿이 배우들에게 던진 충고들이 전형적인 배우극의 단서가 될 수 있을지도 모르기 때문이다. 그러나 2막과 3막 전체를 놓고 보면 사정이 전혀 다르다. 배우극의 단서로 보일 수도 있는 요소들이 실제로는 순수한 유희로서의 극 개념을 뒷받침하는 기능을 한다. 햄릿 앞에서 프리아모스의 죽음 부분을 낭독한 배우는 헤쿠바 때문에 슬퍼하며 눈물짓는다. 그러나 햄릿은 헤쿠바 때문에 눈물을 흘리지 않는다. 배우라는 직업에 종사하기 때문에 자기 현존재의 실제적 현실이나 자신의 현실적 상황에 비추어볼 때 스스로에게 중요하지도 않고, 아무런 상관도 없는 것에 눈물짓는 사람들이 존재한다는 사실에 햄릿은 조금 어리둥절해한다. 햄릿은 이 경험을 계기로 자기 자신을 심하게 질책하게 되고, 자신의 처지를 신중하게 되돌아보면서 복수를 완수하기 위해 행동할 결의를 다진다.[19] 셰익스피어가 희곡『햄릿』에서 궁극적으로 의도한 것이, 배우가 트로이의 왕비 때문에 운 것처럼 우리로 하여금 햄릿 때문에 눈물짓게 만드는 것, 즉 햄릿을 헤쿠바 같은 대상으로 만드는 것이었을까? 이는 분명 말도 안 되는 생각일 것이다. 그런데 만약에 우리가 무대 위에서 벌어지는 연극으로부터 우리의 현존재적 현실을 완전히 떼어내 버린 채 오직 연극에만 집중한다면, 우리는 실제로 햄릿이나 헤쿠바 때문에 울게 될지도 모를 일이다. 이 경우에 우리의 눈물은 배우들이 연기하면서 흘리는 눈물과 같은 것이 되어버린다. 마치 우리에게 중대한 사안이나 과제 따위는 더이상 존재하지 않기라도 한 듯, 우리는 연극에 대한 미적 관심을 충족시키기 위해 이것들을 희생시켜버릴지도 모를 일이다. 이는 우려할 만한 일인데, 왜냐하면 이는 우리가 극을 관람하고 있는 동안에는 공개토론장이나 설교단에서와는 다른 신들을 섬기고 있다는 증거나 다름없기 때문이다.

『햄릿』 3막에 등장하는 극중극은 무대 뒤편을 조망하는 시선이 아니라, 이와는 반대로 다시금 무대 전면에 모습을 드러내는 본래적 드라마라고 할 수 있다. 극중극은 현재적 시점에서 가장 강력한 이슈가 되는 문제로부터 파생되는 현실적 핵심을 전제로 한다. 그렇지 않을 경우, 극중극이라는 이중화는 결국에는 연극을 점점 더 가볍고 신빙성이 떨어지는 인위적인 것으로, 다시 말해 허위에 불과한 것으로 만들어버릴 수 있다. 이렇게 되면 결국 극은 "자신에 대한 패러디"에 불과한 것이 되어버릴 수도 있다. 오직 대단히 강력한 현실적 기반만이 무대 위의 또하나의 무대라고 하는 이중적 가시화를 견뎌낼 수 있다. 극중극은 간혹 있지만, 비극 속에 또하나의 비극이 들어가는 경우는 거의 없다. 따라서 『햄릿』 3막에 등장하는 극중극은 역사적 현실과 현존의 핵심—햄

비극의 원천

릿, 즉 제임스1세의 아버지가 당한 암살 그리고 어머니와 살인자 간의 혼인—이 비극적인 요소를 파괴시키지 않으면서 극 자체를 고조시킬 힘을 보유하는가를 실제로 시험해보기에 더할 나위 없이 좋은 예라고 할 수 있다.

따라서 덴마크 왕자 햄릿에 관한—특히 연극적 유희로서 항상 새로이 관객을 사로잡곤 하는—이 극작품을 그저 단순한 연극적 유희라는 요소만으로는 온전히 이해할 수 없다는 점을 인식하는 것이 우리로서는 더더욱 중요해진다. 극작품으로서의『햄릿』은 극적 구성요소 말고도 다른 요소들을 포함하고 있기 때문에 순전한 의미에서의 극적 유희라고 볼 수 없다. 극작품『햄릿』의 시간과 공간 그리고 행동의 통일성은 완결된 것이 아니며, 순수하게 자기완결적인 과정으로 드러나지도 않는다.『햄릿』은 두 개의 거대한 틈새를 갖는데, 이 틈새를 통해 역사적 시간이 극중 시간 속으로 스며든다. 그리고 항상 새로이 제기되기에 결국은 풀기 어려운 수수께끼 같은 것이 되어버리곤 하는 무수한 일련의 새로운 해석 가능성들이 이 틈새를 통해 극의 본래적 실체로 섞여 들어간다. 이 두 가지 틈새로의 스며듦은—왕비의 죄과 여부를 둘러싸고 있는 터부, 그리고 주인공의 햄릿화로 이어지는 복수자 유형의 변형—두 개의 음영과 같은 것으로, 완벽한 이해가 어려운 애매한 부분이다. 이는 그저 정치역사적 함의에 불과하거나 단순한 암시, 또는 실제적 반영 같은 것이 결코 아니다. 극으로 스며든 이 두 가지 요소는 극 속에 수용되고 극에 의해 존중되는 역사적 소여所與에 해당하기 때문에, 극 자체도 이 소여를 조심스레 둘러가고자 한다. 이러한 역사적 소여가 순수한 극적 유희에 내재할 법한 특정 의도에 얽매이지 않는 자유로움을 방해할지도 모르겠다. 사정이 그러할 경우, 이는 극적 유희의 측면에서 볼 때는 마이너스라고 할 수 있다. 그러나 역사적 소여는 햄릿이라는 극중인물이 진정한 신화가 될 수 있게 만들었고, 비애극을 비극으로까지 고양시켰으니 이는 플러스적 요소라고 할 수 있다.

비극적인 것과 자유로운 창작 간의
불일치

진정한 비극은 비애극을 비롯한 다른 모든 유형에 비해 특별하고
남다른 특성을 지닌다. 이는 아무리 완벽한 극이라도 다다를 수
없고, 게다가―연극적 유희가 스스로를 오해하지 않는 이상―연
극적 유희라면 다다르고자 하지도 않을 일종의 부가가치와 같은
것이다. 이 부가가치는 비극적 사건 자체의 객관적 현실 가운데,
자신의 실존적 조건을 거부할 수 없는 인간이 부인할 수 없는 실
제적 사건들의 종잡을 수 없는 전개 속으로 비밀스레 엮이고 연
루되는 가운데 존재한다. 비극적 사건에 내재하는 진정성, 의도
적으로 만들어낼 수 없고, 상대화시켜버릴 수도 없는 진정성은
바로 이에 근거하며, 따라서 이 진정성은 유희적 요소로도 가려
질 수 없는 것이라고 할 수 있다. 비극적 사건에 직면한 모든 당사
자들은 뒤엎을 수 없는 현실의 존재를 잘 알고 있다. 이는 어떤 인
간의 두뇌로도 고안해내지 못했던 것으로, 바깥으로부터 주어지
고 불현듯 닥치거나 원래부터 존재하는 것이다. 이 뒤엎을 수 없
는 현실이란 잠자코 선 바위와 같은 것으로, 유희로서의 극은 이
바위에 굴절되고, 진정한 비극이라는 파도도 이 바위에 몰아치
고 부서진다.

바로 여기에 자유로운 문학적 창작이 넘어설 수 없는 마지막
경계가 존재한다. 작가는 많은 것을 창작할 수 있고 창작해내야
하지만, 비극적 사건의 현실적 핵심까지는 꾸며낼 수 없다. 우리
는 헤쿠바 때문에 눈물을 흘릴 수 있고, 사람은 여러 가지 것 때문
에 울 수 있으며, 슬픈 일은 수도 없이 많다. 그러나 비극은 관여된
모든 이들, 즉 작가, 낭독자, 관객이 어찌해볼 여지가 없이 현실로
서 앞에 놓인 실제적 사건으로부터 비로소 생겨난다. 꾸며낸 숙명
은 더이상 숙명이라고 할 수 없다. 어떤 천재적인 창작도 여기서

는 도움이 되지 못한다. 비극적 사건의 핵심이나 비극적 진정성의 근원은 결코 뒤집을 수 없을 정도로 확고한 것이기에, 어떤 유한한 존재도 이를 고안해낼 수 없고, 어떤 천재도 이를 순전히 지어낼 수는 없다. 이와 반대로 창작이 독창적이면 독창적일수록, 구성이 전체적으로 깊이 숙고되면 숙고될수록, 구조적 장치가 완벽하면 완벽할수록 비극적인 요소 자체가 와해될 가능성은 점점 커진다. 비극의 경우 연극 상연에서 작가와 낭독자, 관객을 한데 묶어주는 역할을 하는 공통의 공감대는 공인된 언어 규칙과 놀이 규칙에 근거하는 것이 아니라 공유된 역사적 현실이라고 하는 생동적 경험에 기반한다.

음악의 정신으로부터 기인하는 비극의 탄생에 대한 니체의 유명한 문구에도 불구하고, 음악이 우리가 앞서 비극적 사건의 원천이라고 지칭한 것에 상응할 수 없다는 점은 별도의 논의 없이도 명확해 보인다. 빌라모비츠묄렌도르프Wilamowitz-Moellendorff*는 역시나 잘 알려진 문구 가운데서 아테네 비극을 일종의 신화나 영웅전설로 정의한 바 있다.[20] 그는 자신이 신화라는 비극의 기원을 의식적으로 비극의 정의 속으로 끌어들이고자 했다고 강조한다. 이를 통해 신화가 비극의 근원으로 간주되기에 이르렀다. 그런데 유감스럽게도 빌라모비츠는 이 인식을 일관되게 고수하지 않는다. 그의 설명이 진행되는 과정을 보면 그에게 신화는 일반적 의미에서의 "소재"에 지나지 않게 되어버리고, 결국에는 오늘날 흔히 말하듯 작가가 임의적으로 무언가를 "길어낼 수 있는" 원천적 스토리라는 의미에서의 전제적 가설 같은 것이 되기에 이른다. 즉 이 역시도 그저 단순한 문학적 원천에 불과한 것이다. 그럼에도 불구하고 빌라모비츠식의 정의만큼은 옳은데, 왜냐하면 이 정의는 신화를 작가의 문학적 원천이자 작가와 관객을 한데 묶어

* 1848~1931. 독일의 고전학자. 그리스 고전의 전 부문을 연구하여 고전문헌학에 새로운 장을 연 것으로 평가받는다.

주는 공동의 생생한 앎에 해당하는 일종의 영웅전설로 이해하기 때문이다. 즉 신화란 참여자 모두가 공동의 역사적 실존을 통해 연계되어 있는 역사적 현실의 일부인 셈이다. 이런 관점에 따르면 아테네 비극은 자기완결적인 극이라고 할 수 없다. 신화에 대한 관객의 현재적 사전 지식으로부터 나오는, 더이상 순수한 유희만은 아닌 현실적 요소가 상연되는 비극 속으로 끊임없이 흘러들기 때문이다. 오레스테스, 오이디푸스, 헤라클레스 같은 비극적 인물들은 창작된 것이 아니라 생동적인 신화의 형태로 실제로 주어진 것으로, 외부로부터―다시 말해 어떤 특정한 현재적 외부로부터―비극 속으로 도입되었다.

이 문제는 실러의 역사극에서는 사정이 다르다. 여기서는 관객들이 갖추고 있으리라 전제되는 역사 관련 교양 지식이 공통의 기반과 공감대를 형성할 수 있는지 여부가 관건으로 보인다. 이 물음에 긍정으로 대답하는가 아니면 부정으로 대답하는가에 따라서 역사는 비극적 사건의 원천을 의미할 수도 있고, 비애극의 단순한 문학적 원천을 뜻하기도 한다. 나는 역사적 지식이 신화를 대체할 수 있다고는 생각하지 않는다. 실러의 극은 비애극이고, 신화에까지 이르지는 못했다. 잘 알려져 있듯이 실러는 이에 관해 많이 숙고했고, 극에 대한 고유의 철학을 발전시키기도 했다. 그에게 예술은 자율적인 가상의 영역이다. 유희 가운데서야 비로소 인간은 인간다워지는데, 다시 말해 인간은 유희 속에서 자기소외로부터 벗어나 자신의 고유한 존엄을 찾게 된다. 이러한 철학의 관점에서 보자면 유희가 진지함보다 우위에 놓여야만 할 것이다. 즉 진지한 것은 삶이요, 밝고 경쾌한 것은 예술인 셈이다. 그런데 여기서 행동하는 인간의 실질적 현실이란 결국에는 그저 "불순한 현실"일 뿐이고, 진지함이라는 것도 아직은 고양되지 못한 비천한 것일 뿐이다. 유희라는 자율적이고 고차원적인 영역이 진지함과 삶이라는 양자에 맞서는 격이다. 19세기 독일에서 전형적인 것이 된 실러 극의 관객은 세계사를 일종의 세계극장으로 간주하고, 이 연극을 자기함양의 수단으로 향유한다. 실러의 「예술에의 경배」에 등장하는 다음 시구는 이를 잘 보여준다.

> 네가 세계의 거대한 유희를 관망하였다면,
> 너는 보다 성숙해져 너 자신으로 되돌아오게 될 것이다.

셰익스피어의 시대에 연극은 아직 인간 순수성의 영역이 아니었고, 역동적이던 당대로부터 분리된 것도 아니었다. 16세기 잉글랜드는 19세기 독일의 안락한 교양적 향유와는 상당히 거리가 멀었다. 연극은 여전히 삶 그 자체에, 보다 정확히 말하자면 정신력과 품위로 충만하면서도 아직 '질서화'되지는 못했던 삶에 속해 있었다. 16세기 잉글랜드의 연극은 육지로부터 바다로의 중대한 도약의 첫번째 단계, 즉 육지적 존재에서 해상적 존재로의 이행 첫 단계에 놓여 있었던 것이다. 에식스의 백작이나 월터 롤리 같은 뱃사람이자 탐험가는 엘리트에 속하는 존재였다. 연극은 아직 야만적이고 초보적이었으며, 선정적인 것을 다루거나 익살을 부리는 데 스스럼이 없었다.

우리는 진정한 인간성의 자율적 영역으로서의 연극에 관한 대단히 철학적인 이론을 단지 셰익스피어적 연극에 대한 반대 사례로서만 간략히 언급하는 데 그쳤다. 우리의 주요 관심사인 셰익스피어로 말하자면, 그도 역사적 전거와 문학적 출처를 활용하고 동원하기는 하지만, 그가—그의 역사극에서도 마찬가지로—역사에 대해 갖는 관계는 실러가 역사에 대해 갖는 관계와는 다르다. 우리는 셰익스피어의 소위 반역사적 자유재량에 대해 앞서 이야기한 바 있다. 이 측면에서 보면, 영국의 역사를 소재로 한 그의 희곡 속에서 역사는 그에게 기록문헌적 출처라고도 할 수 없는 그저 일종의 확성기 같은 역할을 할 뿐이다. 셰익스피어의 극적 유

희는 보통 복잡하지 않은 연극이자 별다른 숙고를 요구하지 않는
유희이지 철학적 문제나 미학적 문제로 점철되어 있지 않다. 복수
극 속의 복수자 햄릿이 상당한 정도로 이슈화되고 논의되기는 했
지만, 희곡으로서의 『햄릿』 자체는 유희를 통해 문제를 해결하려
는 시도나 예술을 통한 인간화 내지는 유희 가운데 진정한 인간으
로 거듭나려는 시도와는 거리가 멀다. 이 영속적인 극작품의 작
가는 암시나 직접적 반영도 꺼리지 않는다. 그러나 실제적인 역
사 요소의 극 속으로의 침투만큼은 더이상 건드리지 않고 그대로
둔다. 다름아닌 『햄릿』에서 그는 구체적인 터부로서, 있는 그대
로 존중해야 할 동시대적 사회구도와 맞닥뜨리게 된다. 왕의 아
들, 살해당한 아버지와 같은 사실은 작가와 그의 관객에게는 결정
적으로 존재하는 현실이고, 보통은 조심스러움과 도덕적, 정치적
고려, 배려심과 자연스러운 경외심 때문에 그 앞에서 멈칫거리기
마련이다. 이런 이유로 인해 단순한 무대극의 보통은 완결적인 구
도 안으로 두 개의 틈새가 생겨나게 되고, 이 두 개의 문을 통해 실
제적 사건의 비극적 요소가 극의 세계로 들어서게 된다. 그리하여
비애극은 비극으로, 역사적 현실은 신화로 전환되기에 이른다.

꾸며낸 것도 아니고 꾸며낼 수도 없으며, 그저 주어져 앞에 놓
인 것으로서 존중되어야 할 역사적 현실의 핵심은 이중적인 방식
으로 비극에 개입해 들어갈 수 있게 된다. 이 이중적인 방식에 따
르면 비극적 사건에는 이에 상응하는 두 가지 원천이 존재한다고
할 수 있다. 그 가운데 하나는 비극적 사건을 매개하는 고대 비극
의 신화이고, 다른 하나는—『햄릿』에서와 같이—직접적으로 존
재하면서 작가와 배우 그리고 관객을 한데 묶어주는 역할을 하
는 역사적으로 실재하는 현실이다. 고대의 비극이 신화와 조우
해 그로부터 비극적 사건을 길어내는 데 비해, 『햄릿』의 경우에
는 작가가 자신이 직접적으로 경험하는 현실에 입각해 신화를 확
립하는 식의 드물면서도 전형적인 근대적 성과가 등장한다. 그러

나 고대나 근대에도 작가가 비극적 사건을 창작해낸 적은 없다. 비극적 사건과 창작은 서로 양립할 수 없는 성격의 것으로 서로를 배제한다.[21]

셰익스피어의 비할 데 없는 위대함은 그가―관련 사태를 다루면서 조심스레 배려하고, 분별력과 경외심을 적절히 발휘해―혼잡스러운 시사정치적 현실 가운데서 신화로 승격될 만한 구조적 유형을 추출해냈다는 데 있다. 그가 비극의 핵심을 파악해 신화의 지위에까지 오르게 할 수 있었던 것은 터부를 존중하고 복수자의 형상을 햄릿이라는 인물로 변형시켰던 조심스러움과 경외심 덕분이었다.

이렇게 해서 햄릿이라는 신화가 탄생했다. 비애극은 비극으로 격상되었고, 이러한 형태로 차후의 시대와 세대에게 한 신화적 인물의 생동하는 실재를 전달해줄 수 있게 되었다.

결과

햄릿이라는 문제를 두고 우리가 기울인 노고의 결실이 있다면 무엇인가?

1. 첫째로는 『햄릿』에 관한 해석이 왜 오늘날까지도 놀라울 정도로 넘쳐나는가를 설명해줄 납득할 만한 통찰을 제공했다는 점을 들 수 있다. 『햄릿』에 내재하는 수수께끼는 극의 내용 자체나 전반적인 극 진행의 내부적 관계만으로는 설명할 수 없다. 이 수수께끼는 작가의 주관성에 적용해 설명할 수도 없는데, 객관적인 역사적 현실이 외부로부터 극 속으로까지 파고들기 때문이다. 극에 결정적인 영향을 미친 것이 객관적인 역사현실이라는 점을 인식하게 되었다고 해서 이백 년 넘게 이어진 수많은 『햄릿』해석이 의미 없는 것이 되지는 않는다. 오히려 항상 새로운 해석과 해석 가능성이라는 무한한 풍요 속에서 바로 햄릿이라는 인물의 신화적 성격이 입증된다. 그런데 이러한 해석을 심리학적 방식으로 계속해서 몰아가는 것이 오늘날에는 더이상 의미가 없다는 점만큼은 말해두어야겠다. 부성 콤플렉스와 모성 콤플렉스라는 정신분석적 해석은 햄릿 해석의 순수 심리학적 단계 가운데 가장 마지막 국면이자 최후의 몸부림 같은 것이었다.

2. 우리는 동시대적 현재(에식스)에 대한 실제적 반영이나 역사현실의 극 속으로의 실제적 침투로부터 단순한 암시를 구별

해냈다. 우리가 왕비라는 터부와 복수자 유형의 변형에서 동시대적 현실의 실질적 침투를 인식하고 인정하게 되면, 우리는 이 둘을 더이상 건드리지 않고 그대로 둔 채 판단을 유보할 수 있다. 이로써 거리낌 없이 자유로운 유희로의 길이 열린다. 장루이 바로Jean-Louis Barrault*가 1952년에 그랬듯이 『햄릿』을 순수한 연극 작품으로 연출할 수 있다. 다만 객관적 현실의 그림자만은 가시적인 상태로 유지되어야 한다. 그렇지 않을 경우 이 극은, 특히 바꿔치기된 결투용 장검과 독이 든 포도주 그리고 여러 사망자로 점철된 이 극의 결말은, 다소 과장된 형태의 소위 운명적 비극이 되어버리거나, 정신적으로 풍요로운 성찰들로 치장된 멜로드라마가 될 위험에 처하게 된다. 어쨌든 두 가지 역사적 요소의 침투를 철학적 또는 심리학적 유도 설명들로 꽉 채우고자 지속적으로 시도하는 것보다는, 단순한 유희로서의 연극이 나을 뿐만 아니라 내적으로도 보다 자유로운 연출 방식이라고 할 수 있다.

3. 우리는 어떤 이론적 선입견에도 사로잡히지 않고 극작품 자체에 이르는 방도를 터득함으로써 모든 역사주의적 오해들뿐 아니라 반역사주의적 오해들까지도 극복할 수 있게 된다. 역사주의적 오해는 우리가 이미 논박한 바 있다. 햄릿을 제임스1세처럼 가면 아래 연기하는 것은 어리석은 일일 것이다. 이는 역사를 전시효과적 외양에 치중해 재현하려는 마이닝겐 극단†식의 유희이거나, 또는 환영에 불과한 것에 따름으로써 연명시키려는 시도나 다름없다. 어떠한 연보관소나 박물관, 고서점도 자기식의 진정성만으로 신화를 현재로 불러내지는 못한다. 셰익스피어의 위대함은 무엇보다도 자기 시대의 혼란과 매일의 뉴스 혹은 풍문과 같이 금세 시들해지고 마는 잡동사니 가운데서 비극적 핵심을 인식해내고 이를 존중했다는 데 있다.

* 1910~1994. 프랑스의 배우이자 연출가.
† 19세기 말에 유명했던 독일의 극단.

그런데 역사주의에 대한 반응으로 극의 현대화를 꾀하는 것
도 목표에서 빗나가기는 마찬가지이다. 이 점은 역사주의에 대한
기이하기 그지없는 오해를 제대로 짚어내고, 어떤 엄청난 오류들
이 '역사'라는 단어와 결부되어 있는지를 알게 될 때에야 비로소
이해할 수 있다. 역사가 더이상 현재나 현실이 아니라 단지 지나
가버린 것, 과거의 것으로만 파악되는 경우에는 극의 현대화를 기
한다는 명목으로 지난 시대의 의상에 이의를 제기하는 것이 합당
하고 따라서 연미복 차림으로 햄릿 연기를 해야만 할지도 모를 일
이다. 그러나 이는 역사주의라는 적수에 집착하는 데서 나온 반역
사주의 쪽의 선동적 반응에 불과하다. 이러한 선동적 반응의 결과
는 순간적 효과에 지나지 않고, 결국에는 때 이른 자멸로 이어지
고 만다. 연미복 차림의 햄릿은 오펜바흐Offenbach의 오페레타와
별반 다르지 않은 것이다.

4. 끝으로 햄릿이라는 문제를 두고 내가 애써서 실질적으로
얻고자 한 최종적 결실이자 최상의 소득이 무엇인지 이 자리를 빌
려 간략하게나마 언급하고자 한다. 이러한 결실은 우리가 비애극
과 비극을 구별하면서, 결코 자의적으로 변경될 수 없고 주관적
창조력까지도 초월하는 유일무이한 역사적 현실의 핵심이 존재
한다는 사실을 이해하고, 이러한 역사현실의 핵심이 신화로까지
고양되는 과정을 파악하는 데 있다.

잘 알려져 있듯이 유럽적 정신은 르네상스 이래로 자신을 계
몽시키고 신화적 요소를 배제해왔다. 그럼에도 불구하고 유럽의
문학예술은 돈키호테, 햄릿, 파우스트라는 세 명의 비중 있고 상
징적인 인물들을 창조해냈다. 이 가운데 하나인 햄릿만큼은 분명
이미 신화적인 존재가 되었다. 기이하게도 이 세 인물 모두는 독
서가로, 말하자면 지식인에 해당한다고 할 수 있다. 이 세 인물은
모두 지성 때문에 정상궤도에서 벗어나게 되었다. 여기서 이들의
기원적 배경과 출신에 한번 주목해보자. 돈키호테는 스페인 사람

으로 정통 가톨릭이고, 파우스트는 독일인이자 프로테스탄트이며, 햄릿은 이 두 인물 사이에 해당하는, 유럽의 운명을 결정지은 종교 분열의 한가운데에 자리잡고 있다.

나는 바로 이것이 햄릿이라는 테마에서 최종적으로 가장 의미 있는 측면이라고 본다. 헤르만 페르디난트 프라일리그라트의 시 「햄릿」과 시 속에 등장하는 비텐베르크에 대한 암시에서도 바로 이 맥락에 대한 예견과 조우하게 된다. 이와 더불어 하나의 지평이 열리게 되고, 이 지평 가운데에서 비극적인 것의 심원한 기원에 해당하는 메리 스튜어트와 그녀의 아들 제임스의 역사적 현실을 상기해볼 필요가 있다. 메리 스튜어트는 우리에게 헤쿠바와는 분명 다른 존재이고, 헤쿠바보다 훨씬 의미 있는 존재라고 할 수 있다. 아트레우스Atreus가문*의 운명 또한 불행한 스튜어트왕가의 운명만큼 우리에게 밀접하지는 않다. 스튜어트왕가는 유럽의 신앙적 분열이라는 운명에 의해 파괴되었다. 바로 이 역사 속에 비극적인 햄릿 신화의 전조가 자라난 것이다.

햄릿이나 헤쿠바

---

* 제우스와 님프 플루토 사이에 태어난 아들이자 프리기아의 왕이었던 탄탈로스의 오만에 분노한 신들이 그에게 저주를 내리고, 이 저주에 의해 그의 후손들로 이루어진 아트레우스가문에는 5대에 걸쳐 끊임없는 친족간 살해, 근친상간 등이 일어난다.

왕위계승자로서의 햄릿

햄릿의 행동과 성격을 판단하는 데 있어서나 극적 사건의 객관적 의미와 관련해서도 햄릿이 선왕인 아버지의 합법적 왕위계승자였는지 여부는 중요한 의미를 갖는다. 햄릿이 합법적 왕위계승자였을 경우 모든 도덕적, 법적 결과와 이 개념의 실제적 효력을 감안해볼 때 클로디어스왕은 왕위 찬탈자에 다름아닐 것이다. 그는 선왕의 살해자일 뿐만 아니라 그 아들의 상속권까지도 직접적으로 침해한 것이나 다름없다. 햄릿은 자기 아버지의 원수를 갚는 자이자 자신의 왕위를 쟁취하고자 투쟁하는 자이기도 하다. 이렇게 보면 『햄릿』은 복수극일 뿐만 아니라 왕위계승을 둘러싼 드라마일 수도 있다.

당연히 정도에서 차이가 나기는 하지만, 『햄릿』은 실제로 이 두 가지 모두에 해당한다. 3막의 중반까지에 해당하는 첫번째 부분을 보면 극은 거의 복수극에 가깝고 오직 복수 청탁과 그 실행을 주 내용으로 하는 것처럼 보인다. 이에 비해 두번째 부분—살인자를 성공적으로 폭로하는 것과 더불어 시작되는—은 오직 생존을 위해 생사를 걸고 벌이는 육박전의 성격이 너무 강한 나머지, 왕위계승 문제는 뒤로 물러나 관객에게 거의 의식되지 못하게 된다. 그럼에도 불구하고 이 문제는 분명 존재한다. 클로디어스왕과 햄릿 사이에 타협적 협의의 조짐까지도 보이는데, 이는 가느다란 실마냥 눈에 잘 띄지는 않으면서도 극 전체를 관통하는 주제와 같은 것으로, 1막 2장 108~109행(클로디어스는 햄릿을 다음 왕위를 이을 후계자로 인정하고 그의 아버지이고자 한다)과 3막 2장 90~92행(햄릿은 자신에게 속이 빈 약속만을 한다며 왕에게 불평한다), 그리고 3막 2장 342~344행(덴마크에서의 왕위계승 서열)에 등장하는 논점들을 함께 연결시킬 때에야 비로소 가시화된다. 내가 살펴본 바에 따르면, 극의 나머지 막에서는—2막, 4막, 5막—살인자가 자신이 살해한 이의 아들에게 하는 타협적 제안과 같은 특별한 중재 시도를 의미하는 단서가 등장하지 않는다.

존 도버 윌슨은 햄릿의 왕위계승권 문제에 대해 세심하게 연구했다.(『햄릿에게 무슨 일이 일어난 것인가』 30쪽 참조) 그는 이 문제를 '덴마크의 정치체제는 선거군주제였는가?'라는 질문을 논점으로 삼아 조명한다. 이 질문은 '아니다'로 결론이 나고, 클로디어스는 왕위 찬탈자로 지칭된다. 이 연구에 따르면, 햄릿은 셰익스피어의 희곡 속에서 상속인이자 정통 왕위계승자로 전제되어 있다. 이는 옳은 결론으로 보인다. 그런데 여기서 나타나는 1600~1603년 당시 잉글랜드의 동시대적 상황과의 연관성은 놀라울 정도이다. 릴리언 윈스탠리가 자신의 햄릿 관련 저서에서 중심적 논점으로 삼았던 스코틀랜드의 승계 문제는 어떻게 해도 축소 은폐될 수 없는 것이다. 도버 윌슨은 잉글랜드의 왕위계승 과정에서 전임자의 유언적 표명—다잉 보이스—을 준수하는 평의회를 통해 선거가 실시되었다는 점을 지적한다. 이렇게 해서 제임스1세는 엘리자베스여왕으로부터 임종 유언시 상속자 지명, 즉 다잉 보이스를 받았던 것이다. 햄릿은 자신의 다잉 보이스를 포틴브래스에게 남기는데, 한편으로 햄릿 역시도 선거에 관해 언급한다.(5막 2장 354~355행)

『햄릿』에 등장하는 왕위계승 서열의 법률적 상황을 이해하기 위해 덴마크 헌정체제라는 우회로를 거칠 필요까지는 없다고

한 도버 윌슨의 지적은 의미 있으며 맞는 말이다. 도버 윌슨의 관련 논의는 다음과 같다. "셰익스피어와 그의 관객들이 덴마크 헌정체제를 잉글랜드적 개념을 통해 이해했다고 볼 때, 햄릿은 왕위를 이을 적법한 상속인이었고, 클로디어스는 일종의 찬탈자였다." 실제로도 셰익스피어의 <햄릿>을 보는 잉글랜드 관객이 케케묵은 덴마크의 개념이 아니라 잉글랜드식 개념으로 사고할 것이라는 점은 저절로 이해가 될 정도로 당연한 것이다. 그 결과 햄릿이 제임스1세와, 그리고 스코틀랜드의 왕위계승과 맺는 연관관계가 명백하게 드러나면서 더이상은 숨길 수 없는 것이 된다.

　햄릿이 클로디어스왕에 대해 그가 도둑마냥 왕관을 선반에서 훔쳤다고(3막 4장 100행) 말하는 것을 보면, 햄릿은 자기 아버지의 원수를 갚는 자로서만이 아니라 적법한 왕위계승자로서 말하는 것처럼 보인다. 그런데 선거라는 단어가 모종의 역할을 하는 한 덴마크는 선거군주제인 것으로 보일 수 있다. 오늘날에는 선거군주제가 상속군주제의 반대로 이해되곤 한다. 상속군주제의 경우 보통은 상속인이 피상속인의 사망과 더불어 바로 대를 잇도록 되어 있다. 다시 말해 왕위계승자는 자신의 전임자가 사망하는 순간부터 왕이 되며, 이를 공식화시킨 문장이, 사망한 이가 산 자를 상속인으로 삼는다는 뜻의 'le mort saisit le vif'이다.* 이러한 상속군주제에서라면 햄릿은 이미 왕인 것이나 다름없고, 클로디어스는 찬탈자나 진배없는 것이다. 선거군주제에서는 왕위계승자가 일단 선거를 통해 왕으로 추대된다. 이 경우 햄릿이 왕으로 선출되지 않았다는 것은 분명하고, 클로디어스가 선출되었다고

---

* 프랑스 왕위상속권의 기본 원칙에 해당하는 구절로, 프랑스뿐만 아니라 유럽 다른 나라에서도 왕위상속의 근간으로 통용되던 관습법의 일종. 왕권을 가진 자가 사망할 경우 발생할 수 있는 차후 왕위계승을 둘러싼 권력 다툼 등의 문제를 사전에 방지하기 위해, 정해진 후계자가 왕의 사망 직후 대관식 등의 절차 없이 바로 왕권을 행사할 수 있게 한 원칙이다.

볼 수 있다. 클로디어스는 자기 전임자를 살해하고 난 직후에 합법적 절차에 따라 자신을 왕으로 추대하게 만드는 법을 알고 있었던 것이다. 그가 이 같은 방식으로 합법적이고 정당한 절차를 이용해 왕위를 사취한 것일 수도 있는데, 이러한 절차와 외형에 따르면 그는 합법적 왕이지 찬탈자가 아니다. 법에서 외형은 큰 가치가 있고, 루돌프 좀Rudolph Sohm*이 말한 것처럼 법은 본질적으로 형식에 달린 문제인 것이다.

이러한 문제적 상황에 직면해 법사학적 설명이 유용할 듯싶다. 우리는 오늘날 선거군주제와 상속군주제를 첨예하게 대조시킨다. 선거라고 하면 우리는 보통 자유선거만을 연상하는 경향이 있다. 우리의 법 개념들은 오늘날 실증주의적이고 결정주의적인 것이 되었다. 영국에서는 이런 경향이 유럽 대륙에 비해 덜하겠지만, 우리 법학자들은 법사학자이기도 하다. 사실 다잉 보이스, 왕위상속권과 선거라는 개념들을 이해하기 위해서는 법사학적 설명이 요구된다. 나는 여기서 이러한 설명을 간략히 시도해보고자 한다.

북유럽 왕국들의 왕위서열을 이야기할 때는 세 가지 상이한 요소에 유념해야 한다. 나머지 다른 두 요소와의 관계 가운데 자리잡은 개별 요소의 효력과 의미는 시대와 민족에 따라 큰 변동을 겪는다. 그런데 각각의 개별 요소는 또한 특수하고 독립적인 것으로서도 인식 가능한 대상이다. 따라서 선거나 선출 같은 용어는 오직 개별 민족과 그 왕실이 보유하는 구체적 질서와의 연계와 협력 가운데서 이해되어야 한다.

왕위계승자는 일차적으로 지금까지 지배자였던 이, 즉 전임자의 유언 표명으로 임명된다. 이것이 바로 햄릿이 포틴브래스를 지명하고, 엘리자베스여왕이 제임스1세를 왕권후계자로 지명하

---

* 1841~1917. 독일의 법학자이자 교회사학자.

는 데 동원한 다잉 보이스인데, 1658년 크롬웰의 임종시에 사람들은 이를 크롬웰의 아들인 리처드에게 유리하도록 적용하기도 했다. 전임자를 통한 지명은 실질적 임명과 같은 것이며 구속력 없는 제안 내지는 단순한 추천 같은 것이 결코 아니다.

그런데 이는 지명권이 있는 전임자가 자의적으로 처리할 수 있는 임의적 선택 같은 것도 아니다. 지명권이 있는 전임자는 보통은 자신이 속한 왕가의 구성원, 즉 아들이나 형제 또는 일가 구성원 중에 누군가를 지명하도록 되어 있다. 다잉 보이스는 달리 말하자면, 본래 종교적 성격을 갖던 오래된 혈통권에 의해 규정된 것이다. 로마 가톨릭 교회의 영향 아래 이 종교적 성격은 크게 상대화되고 여러 차례 파괴되었다. 그럼에도 불구하고 이는 여전히 오래도록 영향력을 행사했고, 왕의 신적 권리에 관한 교리와 제임스1세의 저술 가운데서 여전히 인지된다. 왕의 신적 권리는 그 역사적 기원으로 볼 때 바로 이 종교적 성격의 혈통권에 다름아닌 것이다.

독일의 역대 왕들에 대한 역사 중에는 유명한 예외적 사례가 하나 있는데, 이는 다름아니라 예외이기 때문에 게르만적 왕위계승 질서의 규칙과 구체적 의미를 확인시켜주기도 한다. 죽음을 앞둔 프랑켄 출신의 콘라트왕에 의해 후계자로 지명된 작센의 공작 하인리히가 바로 그 예이다. 콘라트는 자신의 형제인 에버하르트가 아니라 다른 일가 출신을 후계자로 지명했다. 그런데 그는 이를 실행에 옮기면서 오늘날 우리에게도 감동적인 면이 없지 않은 대단히 기이한 근거를 댄다. 콘라트는 작센의 하인리히 일가에는 함께하는 것으로 보이는 행운fortuna이, 유감스럽게도 자신이 속한 프랑켄 일가로부터는 멀어져버렸다고 확신하게 된 것이다. 프랑켄 출신인 콘라트왕이 작센 출신 하인리히를 후계자로 지명한 것과 그후 하인리히의 왕위 등극(918/19년)에 이르기까지 이어지는 협상 및 일의 진행과정은 비중 있는 역사가들에 의해 여러 차례 연구되고 제시된 바 있다. 바로 이러한 예외적 사례에 비추어 전임자가 혈통권에 따라 후계자를 지명하는 것이 일반적 규범이 었다는 점이 입증되는 셈이다.

다잉 보이스를 통한 지명, 그리고 왕의 신적 권리에 해당하는 혈통권이라는 두 가지 요소에 세번째 요소가 추가되는데, 혈통권에 따라 지명된 이는 나라의 원로들이나 원로들로 구성된 영향력 있는 고문단에 의해 인정받아야 한다는 것이다. 이 경우 자연스레 선거 내지는 선출이라 불릴 만한 가지각색의 협상과 의결이 이루어지게 되는데, 이는 오늘날의 자유선거와는 완전히 다른 것이며, 지명된 후계자도 오늘날의 선거 후보와는 완전히 다른 의미를 지닌다. 지명된 이가 선출을 통해 승인되고 나면 왕위 등극과 성유聖油 예식 및 충성서약이 이어진다. 동참한 백성들도 환호로 찬동을 표한다. 왕권교체가 이루어지는 이 모든 하나하나의 과정들 가운데서 선거라 부를 만한 요소가 발견되는 것이다. 그럼에도 불구하고 이에 의거해 바로 선거군주제를 운운하는 것은 부정확하며 오도하는 것에 가깝다. 전임자를 통한 지명에서부터 엄숙한 즉위식, 충성서약 및 민중의 환호에 찬 동의와 같은 이 모든 과정들이 합쳐져 일종의 통일적 전체를 구성하며, 이는 오로지 해당 시대와 해당 민족의 관점에서만 제대로 이해될 수 있다.[22]

햄릿 아버지의 갑작스러운 죽음을 야기했던 살인자 클로디어스왕은 이로써 햄릿 아버지의 목숨을 빼앗았을 뿐만 아니라 그에게서 그의 아들 햄릿을 후계자로 지명할 가능성마저도 앗아버렸다. 그는 다잉 보이스를 질식시켜 결과적으로 햄릿의 왕위계승권을 침해했다. 이렇게 볼 때 존 도버 윌슨이 그랬던 것처럼 햄릿을 정통적 왕위계승자로, 그리고 클로디어스를 찬탈자로 지칭하는 것이 그리 간단한 문제가 아님이 밝혀진다. 햄릿의 직접적이고 명백한 왕위계승권은 오직 북유럽의 왕위계승법 가운데 한 요소인 종교적 성격의 혈통권으로부터만 나올 수 있다. 다른 말로

하자면, 제임스1세가 항상 자기 근거로 삼았던 왕의 신적 권리로
부터 말이다. 또한 햄릿이 합법적 왕위상속자였는가 하는 문제의
관점에서 볼 때도 햄릿과 제임스1세 간의 동시대적 연관을 고려
하지 않을 수 없다.

　우리는 '주 19'에서 1603년 제임스1세의 즉위에 이어 극작품
『햄릿』에 생겨난 변화를 지적한 바 있다. 제임스1세의 즉위 이전
에 나온 첫번째 사절판에서는 양대 모티프—복수와 햄릿의 왕권
문제—를 선명히 알아볼 수 있다. 이어지는 두번째 사절판과 첫
번째 이절판에서는 왕위계승을 둘러싼 투쟁이 뒤로 물러나는데,
제임스1세의 즉위로 말미암아 이에 관한 당대의 관심이 사라졌
기 때문이다.

보론 1

셰익스피어 희곡의
야만적 성격에 관하여

발터 벤야민『독일 비애극의 원천』에
답하며

셰익스피어의 희곡은 대체로, 그리고 특히나『햄릿』은 더이상 중
세적인 의미에서 종교적이지는 않다. 그렇다고 국가적 주권의 발
전을 통해 16, 17세기 유럽 대륙에서 국가와 정치가 성취할 수 있
었던 것과 같이 구체적인 의미에서 국가적이거나 정치적인 것도
아직은 아니었다. 유럽 대륙과의 몇몇 의미 있는 접촉과 교류 내
지는 르네상스에서 바로크로의 발전 가운데 나타나는 몇 가지 유
사성에도 불구하고 영국의 희곡은 이러한 특징들만으로 정의되
지 않는다. 영국의 희곡은 당시 잉글랜드가 대규모 해양권 선점에
나선 것과 더불어 시작된 섬나라 영국의 고유한 역사적 발전 가운
데 자리잡고 있다. 바로 이 역사적 발전과정으로부터 셰익스피어
희곡에 대한 정신사적 자리매김이 가능해진다.

　　발터 벤야민은 비애극과 비극의 상이함을 다루면서(『독일 비
애극의 원천』, 45~154쪽) 그의 책 제목이 말해주듯이 특히 독일
바로크 시대의 비애극을 거론한다. 이 책은 예술사와 지성사 일
반은 물론이고 셰익스피어의 희곡과 특히『햄릿』에 관한 탁월한
인식과 통찰로 가득하다. 셰익스피어의 경우 알레고리적인 것이
원초적인 것과 마찬가지로 극의 본질적인 부분임을 보여주는 '알
레고리와 비애극' 장의 셰익스피어에 대한 특징 설명은 특히 많
은 것을 시사한다. "[셰익스피어의 경우] 피조물의 모든 원초적

발언은 그 알레고리적 실존을 통해 보다 의미 있어지고, 모든 알레고리적인 것은 감각세계적 원천을 통해 확고해진다."(같은 책, 228쪽) 희곡 『햄릿』과 관련해서는 "이 비애극의 끝부분에서 그 자체로 완결되고 극복된 운명의 드라마가 불현듯 모습을 드러낸다"(같은 책, 132쪽)라고 벤야민은 설명한다.

햄릿을 중점적으로 다루는 부분은 '비애극과 비극' 장의 끝에 등장하는데(같은 책, 153쪽), 이 부분은 햄릿 5막 2장의 결말부와 연관된다. 햄릿이 죽음을 맞기 직전에 기독교의 예정적 섭리에 대해 말하는 것을 두고 발터 벤야민은 이 부분에서 구체적으로 기독교적인 것을 인식할 수 있다고 믿은 나머지 "기독교적인 예정 섭리의 품 안에서 햄릿의 비통한 모습이 구원된 현존재로 전환된다"라고 쓰고 있다. 벤야민은 "바로크적 양식이 멜랑콜리적 인간 유형을 알아챘던 시대가 신新고대적 시각과 중세적 시각 사이의 균열에 상응하는 인간적 형상을 불러내는 데" 성공했다고 해석하면서 "다만 독일은 이를 해낼 수 없었고, 이를 이룰 수 있었던 것은 다름아닌 햄릿이다"라고 덧붙인다.

이는 발터 벤야민의 책에서 가장 탁월한 대목 중 하나이다. 그런데 이어지는 부분에서는 다음과 같은 내용이 등장한다. "이 비애극에서는 오직 햄릿 혼자만이 신의 자비를 보는 자이다. 그러나 그에게 어떤 신의 은총이 내려지는가가 관건이라기보다는, 유일무이한 햄릿의 운명 자체가 그로 하여금 신의 자비를 보게 하기에 충분한 것이었다." 여기서 거론되는 유희와 운명이라는 대조는 이해가 가지만, 기독교적 섭리에 대한 언급으로 이어지는 그다음 문장은 내게 여전히 애매한 것으로 남아 있다는 점을 고백하지 않을 수 없다. 나는 발터 벤야민이 이 문장을 통해 루터파 신학자 카를 킨트가 자신의 저서 『신의 장기말―기독교적 세계극장으로서의 셰익스피어의 햄릿』(주 16 참조)에서 의도한 것과 같이, 루터적 의미에서 햄릿을 일종의 "신의 뜻에 따라 움직여지는 장기말"로 만들고자 했다고는 생각하지 않는다. 벤야민은 "오직 셰익스피어만이 멜랑콜리적 인간의 바로크적 경직 상태, 비스토아적, 비기독교적이면서 동시에 유사-고대적이고 유사-경건주의적이기까지 한 경직 상태로부터 기독교적 섬광을 일으킬 수 있었다"라고 말한다. 이에 대해 나는 다음과 같은 점을 언급하고자 한다.

햄릿은 결코 전형적인 의미에서 기독교적이라고 볼 수 없다. 발터 벤야민이 준거로 삼는, 참새의 추락 같은 것도 신의 예정적 섭리 때문이라고 말하는 잘 알려진 대목(5막 2장 227~228행) 역시 이 점을 바꿔놓지는 못한다. 햄릿이 일종의 특수한 신적 섭리special providence에 관해 말한다는 점을 벤야민이 간과했던 것은 아닌지 모르겠다. 이로써 우리는 특수한 신적 섭리와 일반적 신적 섭리에 관한 신학적 논쟁 속으로 들어서게 된다. 두번째 사절판의 텍스트에서 비로소 이러한 종류의 신적 섭리가 거론된다는 점을 덧붙여두어야겠다. 첫번째 사절판에는 예정적 섭리predestinate providence라고 명시되어 있다. 이로써 신학적 논쟁과 종파 간의 내전이라는 지옥으로 향하는 문이 열리는 것을 보게 된다. 내 생각으로는 단순히 마태복음 10장 29절의 문장을 인용하는 것이 보다 기독교적이지 않았을까 싶지만, 신학 논리를 궁구하는 제임스왕의 취향에는 새로운 신학적 조항을 추가한 것이 더 적합해 보일 수도 있겠다.

폴로니어스의 살해(3막 4장 24행)까지를 포함하는 극의 전반부는 복수라는 본래의 주제를 주 내용으로 한다. 여기서 햄릿은 가톨릭적인 것과 프로테스탄트적인 것, 로마와 비텐베르크라고 하는 대립 구도 안에 자리한다. 자신에게 모습을 드러내는 아버지의 혼령에 대한 의구심은 가톨릭의 악마론과 프로테스탄트의 악마론 간의 대립으로부터 영향을 받은 것으로, 구체적으로 말해 이러한 대립은 연옥과 지옥에 관한 도그마를 둘러싼 견해 차이에서 기인한다. 여기서 기독교적이라 불릴 만한 요소는 극심한 종파적 대립 가운데 선 메리 스튜어트의 아들 제임스1세의 상황을 반영한 것이다. 극의 이 전반부, 특히 복수를 다루는 부분 가운데 유일하게 진정으로 기독교적인 것은 3막 3장 36~72행의 독백 도중에 나오는 살인자의 기도이다.

극의 후반부는 생사를 건 접전과 죽임을 당하는 후계자를 주 내용으로 한다. 후계자 살해라는 모티프 자체는 기독교적 테마 가운데서도 가장 오래된 것에 속한다.(마태복음 21장 38절, 마가복음 12장 1~12절, 누가복음 20장 9~19절, 사도행전 7장 52절을 보라.) 햄릿이 정통을 잇는 후계자로 간주된다는 데에는 의심의 여지가 없지만, 셰익스피어의『햄릿』가운데서 후계자 살해 모티프의 단서가 발견되지는 않는다.

셰익스피어의 희곡은 더이상 기독교적이지 않다. 그렇다고 종교적으로나 종파적으로 중립적이어야만 하는 유럽 대륙의 주권국가로의 도정에 있는 것도 아닌데, 유럽 대륙의 주권국가는 종파적 내전을 극복함으로써 생성되었기 때문이다. 유럽 대륙의 주권국가도 일종의 국가종교나 국교회를 인정하기는 했지만, 이 역시도 주권국가의 자체 결정에 근거한 것이었다. 발터 벤야민은 자신의 책에서(특히 55~56쪽, 64쪽 그리고 241쪽의 주에서) 내가 내린 주권에 대한 정의에 준거해 논의를 전개하는데, 이와 관련해 그는 1930년에 한 사적 서한에서 내게 감사를 표하기도 했다. 그런데 벤야민은 유럽 대륙의 전반적 상황에 견주어 영국이라는 섬나라적 상황의 차이를, 그리고 이와 더불어 17세기 독일의 바로크적 비애극과 영국 희곡 간의 차이를 지나치게 과소평가하는 것으로 보인다. 이 차이는『햄릿』해석에서도 중요하기 그지없는데,『햄릿』은 본질상 르네상스나 바로크 같은 예술사적, 정신사적 범주로는 제대로 파악될 수 없기 때문이다. 이 차이는 대립관계 형식의 핵심어로 간명하고도 적확하게 표상될 수 있는데, 이 대립이 갖는 함축적 의미는 정치적인 것의 개념의 정신사를 대변한다고 해도 과언이 아니다. 이 대립은 다름아니라 야만적인 것과 정치적인 것에 관한 것이다.

1588년 아르마다* 격퇴로 시작해 1688년 스튜어트왕가 퇴출로 마감되는 것이 영국혁명이라 볼 경우에—이렇게 보는 것이 가능하고 일리가 있는데—셰익스피어의 희곡은 이 영국혁명의 첫번째 시기에 해당한다. 바로 이 백 년 동안에 유럽 대륙에서는 종파적 내전의 여파에 따른 중립화 경향으로부터 홉스Hobbes가 이성의 왕국imperium rationis이라 명명하기도 한 주권국가라는 새로운 정치질서가 발전해나갔는데, 이는 헤겔이 말하듯 더이상 신학적이지 않은 객관적 이성의 왕국으로, 바로 그 이성Ratio이 영웅의 시대와 영웅의 권한 그리고 영웅의 비극에 종말을 고하게 된다.(헤겔, 『법철학』 93절, 218절) 가톨릭과 프로테스탄트 간의 백여 년에 걸친 내전은 신학자들이 폭군 암살이나 정당한 전쟁에 관한 자신들의 교리를 통해 내전을 재차 새로이 부추겼기 때문에 오직 신학자들을 물러나게 함으로써만 극복될 수 있었다. 중세적이고 봉건적이거나 신분제적인 질서 대신에 공공의 안정과 안보, 질서가 들어섰는데, 이를 성립시키고 유지하는 것은 새로운 형성체로서 국가의 자기정당화 과업에 해당한다. 그 밖에 세계사 속에 존재했던 어떤 다른 공동체나 체제 또는 지배질서를 국가라고 지칭하는 것은 허용되지 않으며 단지 혼란만 가중시킬 뿐이다. 종파적 내전이라는 절망 상태로부터의 구원을 이제는 교회가 아니라 국가에 기대했던 사상가들이—예를 들어 법학자 장 보댕Jean Bodin—유럽 대륙의 선도적 국가인 프랑스에서는 일종의 특수한 의미에서 정치가, 폴리티시앙politiciens이라 불리기도 했다. 주권국가와 정치는 종교적이고 봉건적인 지배체제가 갖는 중세적 형태와 방식에 대한 반대 개념을 지칭하기에 이른다.

* 스페인 무적함대. 16세기에 스페인 왕 펠리페2세가 가톨릭을 옹호하고, 스페인 상선에 대한 공격을 응징하기 위해 잉글랜드로 출동시킨 함대.

이러한 상황 속에서 정치적이라는 단어는 야만적이라는 단어의 반대 개념으로서 논쟁적이며 종국에는 상당히 구체적인 의미를 부여받게 된다. 한스 프라이어Hans Freyer*의 표현을 빌리자면(『현시대의 이론 *Theorie des gegenwärtigen Zeitalters*』, Stuttgart: Deutsche Verlagsanstalt, 1955), 부차적 체제가 제대로 작동하지 않는 근본적인 원래의 질서를 밀어내버리는 것이다. 이러한 근대국가는 기존의 무장병력과 치안, 국고 및 법질서를 각각 군대, 경찰, 재정, 사법이라는 국가적 조직들로 변화시킨다. 이를 통해 근대국가는 스스로 공적 안정, 안보와 질서라 부르는 것을 이루어내고, 공적 질서화된 현존재 상태를 가능하게 만든다. 이런 식으로 정치, 경찰력, 공적 규범은 종교적 광신주의와 봉건적 무질서, 간단히 말해 중세적 야만성과 대비되는 근대적 진보를 구성하는 주목할 만한 삼두마차가 되기에 이른다.

이러한 주권적 국가 내에서야 비로소 고전주의적인, 좀더 구체적으로 말하자면 규율적인, 또는—다시금 좀더 정확히 말하자면—장소와 시간, 행위의 합법칙적인 통일성을 보유한 코르네유와 라신의 고전주의 연극이 탄생할 수 있게 된다.[23] 주권적 국가의 관점에서 보면 볼테르Voltaire가 셰익스피어에게서 "술에 취한 미개인"을 보는 것이 이해될 법도 하다. 이와는 반대로 18세기 독일의 질풍노도 운동은 프랑스 극에 반대하는 투쟁을 전개하면서 셰익스피어를 준거로 삼기도 했다. 이는 국가성 개념의 영향 덕분에 더이상은 튜더 시대의 잉글랜드 정도로 야만적이지는 않더라도, 당시 독일의 상황이 부분적으로는 여전히 전前국가적이었기 때문에 가능한 것이었다. 당시에 젊은 괴테는 헤르더로부터 영향을 받아 1771년에 "프랑스인이여, 너는 대체 그리스의 갑옷을 가지고 무엇을 하려고 하는가, 이는 네게 너무도 크고 무겁지 않으냐.

---

* 1887~1969. 독일의 사회학자.

사태가 이러하니 모든 프랑스의 비애극이 자기 자신에 대한 패러디가 아니더냐"라는 유명한 문구를 담은 '셰익스피어 기념일에 부쳐'라는 제목의 훌륭한 연설을 하기도 했다.

튜더왕조 시대의 잉글랜드는 여러 가지 면에서 볼 때 국가로 가는 도정에 있었다. 국가state라는 용어는 크리스토퍼 말로Christopher Marlowe와 셰익스피어의 경우에 특수한 의미로 등장하기 때문에 별도의 용어사적 연구를 할 만한 가치가 있다. 나는 내 책『대지의 노모스*Der Nomos der Erde*』(Köln: Greven-Verlag, 1950) 116~117쪽에서 이를 보다 광범위한 맥락에서 지적하기도 했다. 이러한 용어사를 논하기 위해서는 한스 글룬츠Hans H. Glunz의—대체로 유용하기는 한—책『셰익스피어의 국가*Shakespeares Staat*』(Frankfurt: Vittorio Klostermann, 1940)가 제공하는 것보다 나은, 국가이론적 문제들과 정치적인 것의 개념사에 관한 양질의 정보가 요구됨은 말할 것도 없다. 베이컨Bacon의 에세이에서도 국가라는 용어의 역사와 관련해 중요한 단서들이 발견된다.

그런데 바로 이 1588년에서 1688년에 이르는 백 년 사이에 섬나라 영국은 유럽 대륙으로부터 자신을 차별화시켜 전래의 육지적 존재에서 해양적 존재로의 이행을 이루어냈다. 영국은 유럽 대륙적 국가 형성이라는 좁은 길을 거치지 않고도 해외로까지 뻗어나가는 세계제국의 중심지이자 산업혁명의 발원지가 되기에 이르렀다. 영국은 유럽 대륙의 국가적 의미에서와 같은 일국적 군대나 경찰력, 사법이나 재정을 조직하지 않았다. 애초에는 해적과 약탈 세력의 주도 아래, 그리고 나중에는 무역 세력의 주도에 힘입어 신세계를 정복하는 데 개입하기 시작해 전세계 해양권의 선점을 완수하기에 이르렀다.

이것이 바로 1588년에서 1688년에 이르는 백 년 간의 영국혁명이다. 셰익스피어의 희곡은 이 혁명의 첫번째 시기에 자리한다. 우리는 이러한 상황을 단순하게 당시의 과거나 현재에 입각

해, 또는 중세·르네상스·바로크적 관점에서만 바라봐서는 안 된
다. 18세기에야 비로소 실현된 유럽 대륙의 국가성이라는 이상이
의미하는 문명적 진보에 견주어볼 때, 셰익스피어 시대의 잉글랜
드는 여전히 야만적으로, 다시 말해 전前국가적인 것으로 비춰질
수 있다. 이와는 대조적으로, 18세기에 들어 시작된 산업혁명이
라는 문명적 진보에 견주어보면, 엘리자베스 시대의 영국은 육지
적 존재에서 해양적 존재로의 대규모 이행 가운데 놓인 것으로 보
인다. 해양적 존재로의 이행은 그 결과에 해당하는 산업혁명으로
볼 때 유럽 대륙의 혁명을 능가하는 더 깊고도 근원적인 변혁을 가
져왔으며, 이는 유럽 대륙의 국가성에 의해 가능해진 '야만적 중
세'의 극복까지도 능가하는 것이었다.

　스튜어트왕가는 이러한 사태를 전혀 예상하지 못한 채, 교회
중심적이고 봉건적인 중세로부터 놓여날 수 없는 운명에 처하게
되었다. 제임스1세로 하여금 왕의 신적 권리에 관한 논의를 전개
하게 만든 것은 바로 이러한 절망적인 정신적 상황이었다. 스튜어
트왕가는 유럽 대륙의 주권적 국가뿐만 아니라, 자신들의 집정 기
간 중에 섬나라 영국이 완수했던 해양적 존재로의 이행까지도 제
대로 파악하지 못했다. 이렇게 해서 대규모 해양권 선점이 이루어
지고 육지와 바다를 둘러싼 새로운 국제 질서가 위트레히트조약
(1713년)으로 문서화되어 공인되었을 때 그들은 세계사의 무대
에서 사라져버렸다.

1. 비판적인 태도를 취하면서도 이해하려는 의지를 갖고 귀를 기울여보면, 논쟁에
치중하는 분석이나 어떻게든 특정한 미학과 작가에 관한 특정한 상을
구해내려는 끼워 맞추기식 설명에 비해서, 있는 그대로의 객관적인 이야기가
훨씬 나은 단서들을 제공한다는 점을 알게 된다. 로라 보해넌Laura Bohannan은
자신의 논문 「미칭 말레초, 이는 사악한 술수를 의미한다Miching Mallecho, That
means Witchcraft」(*The London Magazine*, June 1954)에서 아프리카의 한 흑인
부족에게 『햄릿』의 이야기를 들려주면서 자신이 겪은 경험에 관해 서술하는데,
이는 여러모로 시사하는 점이 많다. 이 아프리카 부족민들은 때때로 대단히
명철한 질문을 던지곤 했는데, 이는 저명한 법학자 요제프 콜러Josef Kohler가
자신의 책 『법학의 광장에서 본 셰익스피어*Shakespeare vor dem Forum der
Jurisprudenz*』(1889)에서 혈족 간의 복수라는 주제에 관해 독자에게 제공하는,
제대로 분석되지 않은 법사학적 자료에 비하면 더 구체적이고 정확하기까지
하다.(콜러의 책은 이 점만 제외하면 대단히 인정받을 만하다.)
2. 존 도버 윌슨, 『햄릿에게 무슨 일이 일어난 것인가』, 39쪽('거트루드의 원죄'),
292쪽('거트루드의 간음').
3. 존 도버 윌슨이 네번째 텍스트로 꼽기도 하는 '형제 살해의 응보'라는 독일어
텍스트는 논의에서 제외한다.
4. 같은 책, 204쪽. 누구나 알고 있듯이, 셰익스피어는 햄릿의 부족한 행동력과
관련해 어떠한 설명도 제공하지 않는다.
5. 같은 책, 221쪽을 참조하라.
6. 특히 플레이F. G. Fleay는 셰익스피어의 작품 가운데서 볼 수 있는 당대의
시사적 문제들에 주목했다. 릴리언 윈스탠리의 책 『햄릿, 메리 스튜어트의
아들』의 독일어 번역본(Pfullingen: Günther Neske, 1952) 서문에는 제임스
1세와 관련된 좀더 오래된 예들이 제시되어 있다. 릴리언 윈스탠리는 특히
'햄릿과 에식스'라는 장에서 이에 관한 여러 가지 증거와 단서를 제공한다. 그

외에도 에식스백작의 운명과 햄릿의 역사적 관련성은 이미 오래전부터 알려져
있다. 나는 여기서 레싱의 함부르크 연극론 제54번과 리하르트 시더마이어
Richard Schiedermair의 책『문학 속의 에식스백작*Der Graf von Essex in der
Literatur*』(Kaiserslautern, 1908/09) 정도만 상기시켜두고자 한다.

여기에 셰익스피어 드라마 속의 정치적 상징과 알레고리라는 방대한 주제가
제기된다. 릴리언 윈스탠리는 평생 동안 바로 이 주제에 대한 연구에 전념했다.
햄릿에 관한 저서 외에 그녀의 대표 저작으로는 제임스1세, 단리경 살인 사건, 성
바르톨로메오 축일의 학살과 극의 관계에 관한 연구, 그리고 상징적 신화로서의
리어왕에 관한 연구를 담은『맥베스, 리어왕과 그 동시대사*Macbeth, King Lear
and Contemporary History*』(Cambridge Press, 1922) 그리고 스페인의 영향권
아래 놓인 나라의 비극을 상징하는 무어인과 베니스 귀족 숙녀의 이야기를 통해
셰익스피어 시대 이탈리아의 동시대사를 보여주는『이탈리아 비극으로서의
오셀로*Othello as the Tragedy of Italy*』(London: T. Fisher Ltd., 1924) 그리고
『폭풍우*The Tempest*』에 관한 출간되지 않은 수고가 한 편 존재한다. 릴리언
윈스탠리가 제시하는 해석을 일관적으로 수용할 수 있을지, 그녀의 해석 가운데
많은 부분이 짜맞춰지거나 억지스러운 것은 아닌지 하는 문제는 사실 그다지
중요하지 않다. 무엇보다도 그녀가 택한 연구 방법 자체가 사태에 잘 들어맞고
관련 연구를 풍요롭게 하기 때문이다.

정신사적 문제에 해당하는 '알레고리와 비애극'은 발터 벤야민의 책『독일
비애극의 원천 』(1928) 155~236쪽에서 다뤄진다. 릴리언 윈스탠리의 테제와
관련 자료를 발터 벤야민의 사고와 연계시켜 알레고리에 관한 문제를 심도 있게
다루는 것이 앞으로의 과제라고 할 수 있다. 여기서는 이 과제를 그저 언급해
두는 데 그칠 수밖에 없다. 내 신상과 관련된 어떤 이유가 관련 계획을 세우고
출판을 기약하는 데 장애가 되지만 않는다면, 나는 이 과제를 다룰 것을 약속해
두고자 한다. 내 책『대지의 노모스-유럽공법의 국제법*Der Nomos der Erde im
Völkerrecht des Jus Publicum Europaeum*』(Köln: Greven-Verlag, 1950) 116/
117쪽에서 이에 관한 간략한 단서를 볼 수 있다.

7. 에바 스콧Eva Scott,『스튜어트왕가*Die Stuarts*』, 독일어판(München, 1935),
   20쪽.

8. 존 도버 윌슨,『햄릿에게 무슨 일이 일어난 것인가』, 62쪽에서는 유령과 유령
   출몰 현상을 둘러싼 세 가지 상이한 견해에 관한 아주 유용한 분석이 제시된다.
   당시 잉글랜드에는 출몰하는 유령이 연옥으로부터 오는 것이라는 가톨릭의
   견해, 유령은 기만적인 악마로 대개의 경우 지옥에서 온다고 보는
   프로테스탄트적 견해, 그리고 특히 1584년에 출간된 레지널드 스콧Reginald
   Scot의 책에 실린 계몽적이고 회의적인 견해가 존재했다. 스콧의 책은 나중에
   제임스1세의 명으로 형리에 의해 불태워졌다. 1막에 등장하는 햄릿의 회의는
   제임스1세가 피력하기도 했던 프로테스탄트적 견해의 지평 가운데 전개된다.

그에 따르면 유령은 실재적인 것이지 멜랑콜리적 정서에 따른 단순한 환각 같은 것이 아니다. 행위를 결정짓는 바로 이 단서에 입각해볼 때 햄릿과 제임스1세 간의 긴밀한 연관성이 명백하게 드러난다. 그렇기 때문에 나로서는 존 도버 윌슨이 왜 이에 관해 언급하지 않는지를 이해할 수 없다. 아니면 이에 관한 문제도 하나의 터부로 남아야 한단 말인가?

9. 미국의 선구적 헌법사학자인 찰스 하워드 매킬웨인Charles Howard McIlwain은 1918년에 제임스1세의 정치 저작에 주목할 만한 서문을 덧붙여 하버드 정치 고전 시리즈의 제1권으로 출간했다. 애버리스트위스(웨일스)의 릴리언 윈스탠리가 쓴 셰익스피어의 『폭풍우』에 관한 논문에는 셰익스피어가 이해한 "왕들의 신적 권리"라는 주제와 관련해 중요하고도 새로운 자료들이 담겨 있다. 이 논문의 미출간 수고를 제공해준 릴리언 윈스탠리에게 감사드린다.

10. 예나 시절 자신의 철학적 수고에서 헤겔은 다음과 같이 쓴다. "보통은 기워 수선한 양말이 찢어진 것보다 낫지만, 자기의식의 경우에는 꼭 그렇다고만은 볼 수 없다."(『헤겔의 발전에 관한 기록들Documente zu Hegels Entwicklung』, 요하네스 호프마이스터Johannes Hoffmeister 편집, Stuttgart, 1936, 370쪽)

11. 이 점은 존 도버 윌슨의 『셰익스피어의 진면모Essential Shakespeare』 6장에서도 확연하게 드러난다. 그 결과 이 영국의 셰익스피어 연구자는 다음과 같은 테제에 이른다. "연극을 벗어나서는…… 햄릿은 존재하지 않는다."(그가 자신이 편집한 『햄릿』에 덧붙인 서문 45쪽) 이 테제가 옳은 것인지는 사실 규명해야 할 문제이다. 우리는 비극의 원천에 관해 다룰 다음 절에서 공식적으로 이에 대한 반대 명제를 전개하고자 한다. 이는 유희와 비극적인 것을 구별하고, 셰익스피어를 키츠나 워즈워스의 색채를 띠는 일종의 기발한 귀족풍 시카네더Schikaneder로 만들고자 하는 낭만주의적 미학의 편견을 제거하는 방식을 통해 이루어진다.

12. 경험 많은 출판인인 리하르트 튕겔Richard Tüngel은 "관객이 무대 위에서 벌어지는, 또는 앞으로 벌어질 사태에 대해 극중의 행위자보다 더 많은 것을 알고 이해하는 것이 극적 효과의 중요한 요소 가운데 하나"라고 설명한다. "관객으로 하여금 무대 위 극중인물들보다 더 많이 알고 있게 만드는 바로 이 방법이 극예술이 보유한 가장 탁월한 수단 가운데 하나라고까지 말할 수 있을지도 모르겠다. 셰익스피어는 여러 극작품과 희극에서 이를 활용했다. 다시 말해 이러한 방식으로 희곡 『햄릿』의 동시대적 상황에 해당하는 당대 스코틀랜드에서 있었던 비극적 사건과의 유사성이 당대 〈햄릿〉 관객들에게 작용했을 가능성이 대단히 높다."(Die Zeit, 45호, Hamburg, 1952년 11월 6일자)

13. 죄르지 루카치György Lukács의 『영혼과 형식Die Seele und die Formen』(Berlin, 1911) 가운데 파울 에른스트Paul Ernst를 다루는 에세이 「비극의 형이상학」 366쪽을 참조하라.

14. 오토 루트비히는 희곡이 그 자체의 "내적 관계들"로부터, 즉 극 자체로부터

들리고 이해돼야만 한다는 점을 여러 차례 반복해 강조한다. 이런 이유로 그는 헤겔을 비방하는 데 여념이 없다. 헤겔은 극작품의 단순한 자기완결적 과정이라는 설명에 만족하기에는 너무나도 위대한 사회학자였던 것이다. 불만에 찬 채 오토 루트비히는 (그의 표현을 따르자면) "헤겔의『미학』(제1권, 267쪽) 가운데 극적인 요소를 오인한 다소 어처구니없는 예"를 인용한다. 헤겔은 (내가 보기에는 옳은 견해인데) 셰익스피어가 자신의 작품 『맥베스』에서 제임스1세를 배려해 역사적으로 실존했던 맥베스의 왕위계승권을 일부러 거론하지 않았고, 그 결과 극중의 맥베스가 범죄자에 불과한 존재로 재현된다고 본다. 헤겔의 이러한 이성적 견해를 두고 오토 루트비히는 다음과 같이 흥분한다. "셰익스피어가 제임스1세의 마음에 들려고 맥베스를 범죄자로 형상화했다는 식의 발상을 어찌 이해할 수 있단 말인가? 나로서는 전혀 이해가 가질 않는다." 실제로 1850년 무렵, 오토 루트비히 시대를 풍미했던 독일 미학의 마력하에서는 이를 이해하는 것이 쉽지 않았을 것이다. 하지만 우리는 오늘날 이를 제대로 이해할 수 있다. 나는 오토 루트비히의 이러한 발언이 앞서 본문에서 논했던 독일의 교양적 전통과 이러한 전통이 극작가에 대해 갖고 있는 관념, 그리고 극작가 셰익스피어를 둘러싼 선입견적 이론들을 잘 보여주는 사례라는 것을 언급해둔다.

15. 보론 2 의 70~72쪽을 비교 참조하라. 벤야민이 인용한(『독일 비애극의 원천』, 106쪽) 빌라모비츠묄렌도르프의 아테네 비극의 정의에 관해서는 '주 20'을 비교 참조하라. 벤야민의 바커나겔 인용과 관련해서는 '주 21'을 보라.

16. 카를 킨트Karl Kindt,『신의 장기말─기독교적 세계극장으로서의 셰익스피어의 햄릿 Der Spieler Gottes, Shakespeares Hamlet als christliches Welttheater』(Berlin: Wichern-Verlag Herbert Renner KG, 1949). "마지막으로 신은 인형들을 모두 걷어들여 상자에 집어넣고 나서 포틴브라스로 새로운 놀이를 시작한다."(95쪽) 카를 킨트는 여러 장점을 보유한 탁월한 책을 저술했을 뿐만 아니라, 헤겔학파 카를 베르더Karl Werder의 객관적 사건에 초점을 맞춘 햄릿 분석(『햄릿-강의 Hamlet-Vorlesungen』, Berlin, 1875)의 대를 이음으로써 심리학주의를 극복하는 중대한 걸음을 내딛었다는 점에 큰 공헌을 했다.

17. 뤼디거 알트만Rüdiger Altmann,「유희 속의 자유Freiheit im Spiel」(Frankfurter Allgemeine Zeitung, 100호, 1955년 4월 30일자에 실린 논문) 속 해당 구절 전체는 다음과 같다. "유희란 원칙적으로 비상사태에 대한 부정이다. 바로 여기에 유희의 실존적 의미가 담겨 있다. 우리는 위급한 사태가 무엇인지를 알게 될 때 비로소 유희가 무엇인지 알 수 있다. 종종 유희가 비상사태를 다루는 경우에도 사정은 다르지 않다." 한스 프라이어의『현시대의 이론Theorie des gegenwärtigen Zeitalters』에 등장하는 개념과 명칭 가운데 서술된 바를 빌리자면(93쪽), 부차적 체계에 포섭되지 않는 것이 비극의 본질에 해당한다. 이를 바꿔서 말하면, 부차적 체계는 유희 법칙의 영역에 해당한다고 할 수 있다. 이 유희 법칙들은

비극적 사건의 침투를 막아내려 하고, 혹여 비극적 사건이 스며든 것을
알아채더라도 이를 단지 방해 요소 정도로만 인식할 뿐이다. 부차적 체계로서의
국가에 관해서는 '보론 2'의 75쪽을 비교 참조하라. 언젠가는 유희와 자유,
자유와 여가 시간 간의 연계를 실현시킬 입법자가 나타나 다음과 같은 식으로
간명한 법적 개념 규정을 내세울지도 모를 일이다. "유희란 인간이 자신에게
법적으로 허용된 여가 시간의 범위 내에서 여가 시간을 채우고 꾸미기 위해
벌이는 모든 종류의 일을 가리킨다."

18. 카스파르 폰 로엔슈타인Caspar von Lohenstein이 『소포니스바Sophonisbe』에
붙인 서문을 참조하라. 발터 벤야민의 『독일 비애극의 원천』, 84쪽에서 인용.

19. 햄릿의 헤쿠바 관련 독백(2막 2장 552~609행)은 햄릿의 본연적 임무, 그의 존재
이유, 그의 본연적 과제를 구체화시키는 기능을 한다. 햄릿이 스스로에게 가하는
가혹한 질책은 (슐레겔의 번역에 따르면) 그가 자신의 존재이유를 갖지 못하고,
자기 본연의 과제도 자신에게 낯설기만 하다는 데까지 이어진다. 그런데 햄릿의
본연적 과제라는 것이 대체 무엇인가? 바로 이 헤쿠바 독백 가운데 극중극을
통해 살인자를 잡으려는 계획, 즉 '쥐덫' 계획이 등장하기에 이 물음은 더더욱
중대한 의미를 갖는다. 그런데 바로 이 햄릿의 본연의 과제에 대한 중대한 문제
제기와 관련해 독백의 전개 과정을 추적하다보면, 오늘날 보편화된 판본인
두번째 사절판본 및 이절판본과 비교해볼 때 첫번째 판본, 즉 1603년의
사절판본에서 기이한 차이를 발견하게 된다. 오늘날 보편화된 판본에 따르면
햄릿은 단 '하나'의 본연적 과제를 갖는데, 이는 다름아니라 저주받아 마땅할
테러로 자산과 소중한 생명을 잃은 선왕의 원수를 갚는 것이다. 그런데 1603년에
있었던 제임스1세의 즉위 '이전'에 나온 첫번째 사절판본에 따르면 햄릿이
감내해야 했던 손실은 그의 아버지가 살해되고 왕권을 박탈당했다는 점에서
이중적인 것이었다.(2막 2장 587행, 피토Vietor 편집판, 148쪽) 물론 여기서
왕권을 박탈당했다는 것은 왕권을 빼앗긴 사람이 분명 햄릿 왕자 자신이라는
것을 뜻한다. 바로 이 두번째 "복수 동기와 햄릿의 복수에의 열정을
불러일으키기 위해 동원되는 극중 슬로건"은 제임스1세의 즉위 '이전'인
1601/03년 무렵에 에식스-사우스햄튼파가 결단을 내리지 못하고 망설이는
제임스에게 보냈던 일종의 고무적 외침이었던 것이다. 즉위 이후에는 이것이
삭제되어야 했음은 물론이다. 왕위계승자로서의 햄릿이라는 주제에 관한
상세한 논의는 '보론1: 왕위계승자로서의 햄릿'을 참조하라.

20. 울리히 폰 빌라모비츠묄렌도르프, 『에우리피데스의 헤라클레스Euripides
Herakles』, 아테네 비극 개론Einleitung in die Attische Tragödie 제1권
(Berlin, 1889), 43쪽 이하를 참조하라. 아테네 비극이란 무엇인가?
빌라모비츠묄렌도르프는 구전신화를 "민족이 신화라는 역사적 형태 가운데서만
구체적으로 사고하는 것이 가능했던 시대에 해당하는, 한 민족의 생동적인
역사적 기억의 총체"라고 지칭한다. 아테네 비극에 대한 그의 정의는 다음과

같다. "아테네 비극은 자기완결적인 영웅전설을 대상으로 하는 작품으로, 아테네 시민합창단과 두세 명의 배우에 의해 상연될 수 있도록 장엄한 문체로 문학적으로 손질되고, 디오니소스 성전에서 공적 제식의 일부로 상연될 수 있게 구성된 것이다."

21. 빌헬름 바커나겔Wilhelm Wackernagel, 『극적 시학에 관하여*Über die dramatische Poesie*』(Basel, 1838). 바커나겔에게 비극의 현실성은 이미 '지나간' 역사의 현실일 뿐이고, 현재적 현실은 전적으로 '희극'의 대상이다. 다시 말해 그는 이미 역사주의의 길로 들어선 것이다. 그럼에도 불구하고 그의 교양은 여전히 상당한 수준인데다 헤겔로부터 받은 지속적이고 중대한 영향이 그의 지평을 넓히기도 했다. 그가 내놓은 명석한 판단의 풍부함은 놀라울 정도이다. 이에 관한 예로 바커나겔이 역사적 사실이 아니라고 강조하는, 실러의 희곡에 등장하는 돈 카를로스라는 인물에 대한 그의 주장을 언급해보자. 그에 따르면 바로 이러한 역사적 현실로부터의 이탈 때문에 "비극의 진정성이 떨어지게" 된다. 바커나겔은 위대한 역사적 인물 그리고 이러한 인물과 연관되는 여러 상황에 대한 보편적인 사전 지식과 관련해 장 파울이 한 말을 인용하기도 한다. 그런데 바커나겔은 역사를 현재가 아닌 과거로만 보기 때문에 그에게는 역사도 결국 그저 단순한 문학적 원천이 되어버리고 만다. 구전신화의 경우에도 사정은 다르지 않은데, 이는 우리가 앞서 빌라모비츠묄렌도르프의 경우에 밝혀낸 것과 비슷하다. 결과적으로 바커나겔에게 비애극과 비극은 구별되지 않고, 그는 유희와 비극적인 것 간의 관계라는 문제를 간과해버리고 만다. 이렇게 볼 때, 바커나겔에 관한 발터 벤야민의 언급(『독일 비애극의 원천』, 80, 99쪽)은 보다 구체화될 필요가 있어 보인다.

22. 프리츠 뢰리히Fritz Rörig, 「혈통권과 자유 선출이 독일 역사에 미친 영향— 독일의 국왕 추대의 역사에 관한 연구Geblütsrecht und freie Wahl in ihrer Auswirkung auf die deutsche Geschichte. Untersuchungen zur Geschichte der deutschen Königserhebung (911–1198)」, 『독일 학문 아카데미 논문1945/6년』 (Berlin: Akademie-Verlag, 1948). 그리고 마이어E. Mayer, 「게르만적 국왕 선출 방식에 관하여Zu den germanischen Königswahlen」, 『사비니 재단 저널』, 유럽법사학 분과, 제23권(1902), 1쪽 이하 참조.

23. 뤼시앵 골드만Lucien Goldmann은 라신의 연극과 비극적인 것에 관한 그의 개념을 국가와 교회에 대한 얀센주의의 교차하는 입장들을 바탕으로 설명해 낸다. 나는 그의 책 『숨은 신—파스칼의 팡세와 라신의 극 속의 비극적 세계관에 관한 연구*Le dieu caché; étude sur la vision tragique dans les Pensées de Pascal et dans le théâtre de Racine*』(Paris: Gallimard, 1955)를 이 『햄릿』에 관한 책의 초판이 끝나고 인쇄에 들어갔을 때에야 비로소 알게 되었다. 언젠가 골드만의 입장과 개념을 나의 『햄릿』 해석에 나타나는 입장 및 개념과 비교해볼 기회가 있을지도 모르겠다.

* 이 책에 담긴 생각과 표현은 저자가 지방정부 수도 뒤셀도르프에 위치한
시민학교의 초대로 1955년 10월 30일 뒤셀도르프 '브뤼케Brücke'에서 한 강연이
토대가 되었음을 밝혀둔다.

주

한 정치신학자의 『햄릿』 해석

김민혜

"내가 대체 무슨 일을 벌인 것인가"

카를 슈미트는 1956년에 『햄릿이냐 헤쿠바냐』를 출간하고 나서 얼마 되지 않아 「내가 대체 무슨 일을 벌인 것인가」(1957)라는 제목의 글을 발표했다.(슈미트의 이 글은 2017년에 출간된 『햄릿이냐 헤쿠바냐』 제6판[1]에 추가로 수록되기도 했다.) 이 글의 첫 부분에서 슈미트는 『햄릿이냐 헤쿠바냐』를 비평적으로 다룬 몇 가지 서평을 거론한다. 자신의 책에 대한 비판적 서평을 접하고 나서 슈미트가 그에 대해 해명하고자 이 글을 썼다는 인상을 주기에 충분하다. 그런데 여기서 슈미트가 『햄릿이냐 헤쿠바냐』와 관련해 제시하는 내용은 전혀 새로울 게 없다. 슈미트는 그저 자신의 『햄릿』 해석의 결과를 요약 정리하고, 자신이 선택한 『햄릿』 해석의 방식이 비판과 반대에 부딪치게 되는 이유를 간략하게 제시한다. 이런 내용은 슈미트가 이미 책에서 상세하게 다룬 것이다. 이 글은 내용 면에서는 새로울 게 없지만, 슈미트가 이 글에서 드러내 보이는 어조만큼은 대단히 특이하다. 특히 이 글의 마지막 부분에서 슈미트는 마치 자신이 끊임없이 비판과 공격을 받아 수세

---

1. Carl Schmitt, "Was habe ich getan?", (In) *Hamlet oder Hekuba: der Einbruch der Zeit in das Spiel*, 6., korr. und erw. Aufl. - Stuttgart: Klett-Cotta, 2017, 75~80쪽.

적 입장에 몰린 나머지, 자기고백을 하도록 강요당한 듯한 상황을
연출해낸다. 그의 말을 들어보자.

> 이러한 처지에 놓인 나 같은 노인에게 무슨 다른 수가 있
> 겠는가? ……솔직하게 모든 것을 털어놓고 고백하는 게
> 최선이지 않을까 싶다. 이 기회에 숨김없이 밝혀두고자
> 한다. ……『햄릿』에 관한 나의 소책자는 무엇을 목표로
> 하거나 의도적으로 계획된 것이 아니다. ……그저 내 생
> 각의 내면적 의미에 충실할 뿐.[2]

여기서 슈미트는 일견 자기고백적인 어조를 빌려, 『햄릿』에 대해
자신이 내놓은 해석이 자신의 사상적 근원과 맞닿아 있다는 점을
독자들에게 알리고자 한다. 슈미트는 '내가 대체 무슨 일을 벌인
것인가'라는 제목이 이를 읽는 독자들을 솔깃하게 만들 것이라고
기대했던 듯하다. 슈미트가 나치 정권에 협력했다는 과거 전력
을 아는 독자들은 이와 관련된 고백이 아닐까 하는 호기심을 가
질 테니 말이다. 『햄릿이냐 헤쿠바냐』를 읽을 때 슈미트가 독자
에게 주는 이 단서를 따라가보는 게 어떨까? 이 책을 읽을 때, 『햄
릿』에 대한 자신의 관심과 해석이 자의적인 게 아니라 자기 사상
의 내면적 의미에 충실한 것이라는 슈미트의 말을 신중하게 염두
에 두도록 하자.

  슈미트는 1950년대에 셰익스피어 희곡에 관심을 갖고 틈틈
이 관련 연구에 몰두했다. 이 무렵에 그의 딸 아니마 슈미트Anima
Schmitt는 통역번역학을 전공했는데, 졸업시험에 해당하는 과제
로 영국 문학사가 릴리언 윈스탠리의 『햄릿과 스코틀랜드의 승
계문제』를 1952년에 독일어로 번역했다. 슈미트는 딸의 작업과

---

2. Carl Schmitt, *Briefwechsel mit einem seiner Schüler*, Armin Mohler (Hg.), Berlin:
  Akademie Verlag, 1995, 224쪽.

정을 내내 지켜보았고, 번역서 출간 때 권두사와 더불어 '독일 독자를 위한 안내문'까지 직접 써주었다. 이 권두사와 안내문은 셰익스피어, 특히 『햄릿』에 대한 슈미트의 관심이 지속적이고 방대한 연구로 이어져왔다는 점을 잘 보여준다. 슈미트는 1955년 10월 30일 뒤셀도르프에서 『햄릿』에 관한 강연을 했고, 이 강연의 내용을 토대로 『햄릿이냐 헤쿠바냐』를 저술해 1956년에 출간하게 된다.

　슈미트는 스스로를 흰 까마귀Weißer Rabe 같은 존재라고 부르곤 했다. 독일어로 흰 까마귀는 예외적이고 드문 존재를 의미한다. 카를 슈미트라는 인물에 대한 역사적 평가와 사상가로서 그의 자질에 대한 평가가 자주 엇갈리기 때문에, 그는 불가피하게도 곧잘 논쟁의 중심에 서게 되었다. 슈미트는 법률가로 나치 정권에 적극적으로 협력한 이력 때문에 전범 재판에 회부되어 수감생활을 했고, 그 이후에는 공적 기관에서의 교육활동이 일체 금지되었다. 그럼에도 불구하고 슈미트는 활발한 서신교환을 통해 다양한 영역의 인사들과 꾸준히 교류를 이어갔다. 꾸준한 집필 작업과 강연을 통해 사회적 논쟁에 참여하고 문제를 새롭게 조명할 시각을 제공하기도 했다. 법학과 정치문제 관련 저술로 알려진 슈미트가 보통 문학 분과의 연구대상으로 간주되는 셰익스피어의 『햄릿』에 관심을 갖게 된 이유는 무엇일까? 이와 관련해 강연을 하고, 단행본까지 내게 된 동기는 무엇일까? 이는 「내가 대체 무슨 일을 벌인 것인가」에서 슈미트가 스스로 제공한 단서대로, 슈미트의 『햄릿』 해석이 그의 사상에서 차지하는 위상과 의미를 독자가 스스로 추적해보는 작업을 통해서만 밝혀질 수 있을 것으로 보인다. 슈미트의 『햄릿이냐 헤쿠바냐』는 평이한 텍스트인 듯 보이지만, 그 안에 함축돼 있는 슈미트의 사상적 전제와 개념을 총체적으로 파악해야 그 진의를 알 수 있는 텍스트이다. 우리는 그가 제공하는 개념을 접할 때, 이 개념을 수용하거나 활용하기에 앞서 그가 어떤 맥락에서 왜 그러한 개념을 제공했을지 자문해보는 과정을 거쳐야만 한다. 그래야 비로소 슈미트로부터 인식을 벼리는 방식을 배울 수 있고, 동시에 슈미트가 제공하는 개념들의 문제점과 한계까지도 꿰뚫어볼 수 있기 때문이다.

슈미트의 자기이해 및 자기정당화
수단으로서의 문학 비판

특정 문학작품에 대한 슈미트의 관심은 『햄릿』에만 국한된 것이 아니었다. 문학작품에 대한 그의 관심과 비평 작업은 이미 1910년대부터 시작되었는데, 슈미트가 관심을 가졌던 작가로는 대표적으로 테오도어 도이블러Theodor Däubler, 허먼 멜빌Herman Melville, 콘라트 바이스Konrad Weiß를 들 수 있다. 법제와 정치에 관한 문제를 다루는 슈미트가 문학작품을 고찰 대상으로 삼을 때에는, 문학작품을 매개로 삼아 정치적·사상적으로 표방하고자 하는 것이 그 이면에 놓여 있음을 쉽게 짐작해볼 수 있다. 문학작품을 어떤 방식으로 대하고 해석해야 한다는 식의 문학작품 해석 원론을 제시하는 게 슈미트의 주요 관심사가 아니라는 점은 더 말할 나위도 없다. 한 사상가가 특정 문학작품을 분석대상으로 삼을 때는 자신의 생각을 검증하거나 뒷받침하는 데 적합한 대상을 취하지 않을까? 그렇다면 슈미트가 무슨 특정 문학작품을 어떤 방식으로 고찰하는가를 살펴봄으로써 그의 사상에 어느 정도 접근할 수 있지 않을까? 그가 특정 문학작품을 다루는 방식 속에서 그의 자기반추적 인식과정을 살펴볼 수 있지 않을까?

1910년에 『북방의 빛Nordlicht』이라는 서사시를 출간한 테오도어 도이블러는 재미 위주의 통속문학과 진정한 문학을 철저하게 구분해야 한다고 주장한다. 도이블러에 따르면, 진정한 문학

이란 인류에게 중대한 이념과 역사의 의미를 문학적으로 자각시
키고 수호하는 기능을 담당해야 한다. 도이블러와 사적으로 긴
밀하게 교류했던 슈미트도 이러한 견해에 전적으로 동감을 표하
면서, 도이블러의 향후 창작작업에도 정신적 지원을 아끼지 않
았다. 특히 도이블러의 「북방의 빛」은 내용상 슈미트의 정치신
학적 세계관을 대변한다고 봐도 지나치지 않을 정도로 슈미트의
세계 이해 방식과 유사한 점이 많다. 그래서 1916년에 슈미트는
이 서사시를 중점적으로 분석한 『테오도어 도이블러의 「북방의
빛」―작품의 구성요소와 정신, 그 현재적 의미에 관한 세 가지 연
구』[3]라는 연구서를 출간하기도 했다. 도이블러의 서사시는 당대
의 정신사적 상황을 날카롭게 보여주는데, 서구사회의 자본주의
적 경제 중심 사고에 따른 물질적 향락주의나 공동체의 운용에 있
어 중대한 기능을 수행해온 정치신학적 요소가 쇠퇴한 상황을 시
대의 문제점으로 본다는 점에서 슈미트의 시대진단과도 닮아 있
다. 슈미트는 도이블러 연구서에서 자신의 비판적 시대인식을 총
체적이고도 상세하게 서술한다. 그 원문의 주요 내용을 소개하면
다음과 같다.

> 이 시대는 스스로를 자본주의적이고 고도로 조직된 상대
> 주의적 시대로 규정한다. ……인간은 모든 것을 알지만
> 그 무엇도 믿지 않는 불쌍한 악마 같은 존재가 되어버렸
> 다. 인간은 모든 것에 흥미를 갖고 집적대지만, 실제로
> 는 그 무엇에도 제대로 열광하지 못한다. 모든 것을 이
> 해하는 존재라도 된 것마냥, 전문가들은 역사나 자연, 심
> 지어 자기 영혼에서 일어나는 것들을 객관적으로 기록하
> 는 데 몰두한다. 심리학자나 사회학자는 소위 인간을 제

---

3. Carl Schmitt, *Theodor Däublers 'Nordlicht'—Drei Studien über die Elemente, den Geist und die Aktualität des Werkes*, München, 1916.

대로 이해한다는 자들인데, 사실 이들이 써낸 것은 '사회학의 사회학' 같은 것으로 추상적이기 그지없다. ……인간은 지상에 천국을 세우고자 하는데, 여기서 말하는 천국이란 무역과 산업의 성과물과 같은 것으로 베를린이나 파리, 뉴욕에 실제로 존재하는 것이다. 욕실 인테리어와 자동차, 안락의자로 만들어진 지상의 천국…… 이 시대의 인간은 사랑과 자비의 신 따위는 더이상 원하지도 않는다. ……기독교는 단순한 평화주의적 기구가 되어버렸다. 가치의 혼동과 날조가 인간의 영혼을 지배한다. 선과 악에 대한 구분이 있던 자리에는 이익과 손해를 따지는 철두철미함이 들어섰다. 이러한 전도顚倒는 실로 끔찍한 것이었다.[4]

문학사에서 도이블러가 차지하는 의미와 위상에 대한 슈미트의 다소 과장되어 보이기까지 하는 높은 평가는 슈미트의 자전적 저서에 해당하는 『구원은 옥중에서 *Ex Captivitate Salus*』(1950)로까지 이어진다.

한편, 슈미트는 자신의 책 『땅과 바다 *Land und Meer*』(1942)에서 『모비딕 *Moby Dick*』(1851)의 작가 멜빌을 높이 평가했고, 제2차세계대전이 벌어지던 시기에 지인들에게 보낸 서한에서는 멜빌의 소설 『베니토 세레노 *Benito Cereno*』(1855)를 몇 차례나 강력하게 추천하곤 했다. 이 소설의 주인공 베니토 세레노는 스페인 노예선의 선장인데, 선상 노예들의 반란으로 인질로 잡히게 된다. 이 배가 바다에서 표류하는 것을 발견한 한 바다표범 포획선이 도와주려고 다가오자, 반란 노예들의 수장은 반란 사실을 숨기기 위해 세레노가 여전히 배의 지휘권을 가진 선장인 것처럼 가장한다. 반란 노예들에 의해 인질로 잡혀 있는 베니토 세레노의 상황을 슈

4. 같은 책, 63~65쪽.

미트는 제2차세계대전 당시 유럽적 상황에 들어맞는 강력한 상징으로 해석한다. 전쟁의 포화 속에 파괴되어가는 유럽은 노예들의 반란으로 표류하는 배와 같은 상황에 처해 있고, 정치적 혼란기에 제 목소리를 내지 못하는 유럽의 지성인들은 인질 상태의 선장 베니토 세레노와 다르지 않다는 것이다.[5]

정치신학자 슈미트의 사상에서 드러나는 종교적 편향은 기독교 사상에 기반해 작품활동을 한 시인 콘라트 바이스에 대한 지대한 관심에서 잘 드러난다. 자기 자신이 어떤 종류의 사상가인지, 즉 자신의 사상이 무엇에 기반하고 있는지를 암시하기 위해 슈미트는 바이스의 시구를 하나의 신비적 외피로 활용하곤 했다. 슈미트가 서한이나 강연에서 여러 차례 인용했던 바이스의 시구 가운데 하나는 다음과 같다.

나는 내가 선 자리에서 기다리며 신의 말씀을 따르네
이것이 나를 씨앗처럼 거두어 싣고 갈 때까지[6]

1945년의 한 대담에서 슈미트는 바이스의 책 제목을 인용해 역사속에서 자신이 수행한 역할이 "기독교적 에피메테우스"와 유사하다고 진단하기도 했다. 그리스 신화에서 남보다 먼저 사물이나 세상 이치를 깨달은 선각자先覺者적 존재에 해당하는 프로메테우스에 비해, 그의 동생 에피메테우스는 스스로 저지른 실수를 통해 뒤늦게 깨달음을 얻는 후각자後覺者를 상징한다. 슈미트처럼 신의 부름을 기다리는 자는 자신의 운명에 있어 무엇이 신의 뜻인지를 알아내기 위해 스스로 해석을 시도해보는 수밖에 없다. 자신

5. Carl Schmitt, *Ex Captivitate Salus.: Erfahrungen der Zeit 1945–47*, Köln: Greven, 1950, 75쪽.

6. Ernst Jünger, Carl Schmitt, *Briefwechsel 1930~1983*, hrsg. Helmuth Kiesel, Stuttgart: Klett Cotta Verlag, 1999, 259쪽.

이 신의 부름이라고 믿고 행동한 게 차후에 잘못된 해석이자 행동으로 밝혀질 위험이 있는 것이다. 자신이 기독교적 에피메테우스의 경우에 해당한다는 자기해석을 통해 슈미트는 자신의 '과거 행적'에 대해 간접적으로 반성의 뜻을 내비치는 것처럼 보인다. 직면한 역사적 상황이라는 족쇄 때문에 이러지도 저러지도 못하게 된 햄릿, 명목상으로는 선장이지만 실제로는 반란 노예들의 인질이 된 선장 세레노, 스스로 실수를 범하는 과정을 겪은 후에야 깨닫게 된 에피메테우스. 슈미트가 자기 자신과 동일시하는 이러한 인간 유형들은 분명 그가 자기정당화나 자기해명의 수단으로 문학작품을 적극적으로 활용했다는 점을 보여주는 예라고 할 수 있다.(특히 슈미트가 격찬해 마지 않는 『햄릿』과 『베니토 세레노』는 실제 역사를 소재로 한 작품이다. 진정한 문학적 비극은 오직 실제 현실로부터만 유래할 수 있다는, 『햄릿이냐 헤쿠바냐』에서 슈미트가 펼치는 주장이 연상되지 않는가!)

슈미트의 『햄릿』해석:
"유희가 시작될 때 비극은 중단된다"

슈미트의 『햄릿이냐 헤쿠바냐』는 다음과 같이 시작된다.

> 앞으로 전개되는 내용은 어느 왕비를 둘러싼 터부, 그리고 한 복수자의 형상에 관한 논의이다. 이 논의는 비극적 사건은 대체 어디서 비롯되는가 하는 문제로 이어진다. 이는 비극의 기원에 대한 물음이라고 할 수 있는데, 나는 그 기원을 오로지 역사적 현실 속에서 찾을 수 있다고 본다.(9쪽)

슈미트는『햄릿』에 관한 여타 해석들과는 다른, 자신의 독창적인 『햄릿』해석의 근간을 서두에서부터 명백하게 제시한다. 슈미트가 보기에, 지난 수백 년 동안 극작품『햄릿』을 둘러싸고 무수하고 다양한 해석이 나올 수 있었던 이유는, 햄릿의 어머니 거트루드왕비에 대한 의혹, 살해된 선왕의 원수를 갚는 복수자로 보기에는 너무도 우유부단한 존재로 표상되는 햄릿의 존재라는 두 가지 핵심적 사태와 관련이 있다. 슈미트는 극작품『햄릿』의 중심을 이루는 이 두가지 문제가 셰익스피어 당대의 역사적 현실과 밀접하게 연관된다고 본다. 그간 햄릿에 관해서는 심리학적 분석, 역사 중심적 해석, 미학 중심적 접근법 등에 따라 다양한 해석이 존재했다. 그럼에도 불구하고 이 다양한 시도들은 슈미트가 보기에 위의 두가지 핵심적 문제(왕비를 둘러싼 의혹과 복수자 햄릿의 형상)를 명쾌하게 해명하지 못했다. 따라서 슈미트는 특정한 학문 분과적 원리나 개념을 적용하지 않는 상태에서 일단 순수하게 주어진 텍스트상의 햄릿을 검토해볼 것을 제안한다. 텍스트에 대한 면밀한 검토 작업을 거치고 나면 극이 제대로 전개되기 위해 거론되어야 할 내용들이 "사태에 대한 참작 때문인지 아니면 세심함이나, 또는 어떤 거리낌 때문인지는 몰라도…… 숨겨지고 에둘러지고 있다"(21쪽)는 점을 알아차릴 수 있다. 그리고 극의 전개상 제대로 다뤄져야 할 문제들이 작가에 의해 의도적으로 숨겨지고 에둘러져야만 했던 이유를 슈미트는 당대 역사적 현실 가운데 찾아낼 수 있다고 본다. 더불어 슈미트는 극의 전개상 필수적인데도 현실정치적 고려 때문에 직접적으로 다루어질 수는 없는 민감한 내용들은 당대 관객들에게는 정치적 시사 사건으로 이미 널리 알려진 것들이라는 점에 주목한다. 연극을 관람하는 관객이 현실정치에서 벌어진 사건들을 사전에 알고 있기 때문에 극작가의 신중한 고려에 따른 다양한 암시적 장치들을 당대 관객은 제대로 이해할 수 있었던 것이다.

여기까지만 보면, 슈미트의 『햄릿』해석은 일면 평범해 보일
수도 있다. 그런데 슈미트는 이 지점에서 논의를 멈추지 않는다.
그는 『햄릿』이라는 비극을 구성하는 핵심적 모티프가 순수하게
창조된 것이 아니라 역사적 현실에 근거한다는 점을 재차 강조한
다. 이 점은 슈미트가 보기에 『햄릿』이 창작된 시점에서부터 지
금까지 수많은 해석과 변용을 거쳐 근대적 신화의 자리에까지 오
를 수 있었던 결정적 근거이기도 하다. 바로 이 맥락에서 슈미트
는 다음과 같이 말한다. "어떤 순수미학적 고려도 이 인간실존적
문제틀로부터 복수극의 주인공을 창조해내지는 못한다. 역사적
현실은 어떤 미학보다도, 나아가 천재적이기 이를 데 없는 그 어
느 주체보다도 강력하다."(37쪽) 슈미트의 주장에 따르면, 천재
라고 불릴 정도로 탁월한 창조력을 갖춘 예술가도 『햄릿』의 실제
적 모티프가 된 역사적 현실을 창작해낼 수는 없다. 그리고 슈미
트가 보기에 셰익스피어가 위대한 작가가 될 수 있었던 이유도,
주어진 역사적 현실 가운데 소재를 선택하여 사안의 민감성과 관
객의 사전지식을 고려해 극적 효과를 최대화하는 방도를 알고 있
었기 때문이다. 즉 슈미트의 눈에 『햄릿』의 작가 셰익스피어가 다
른 어떤 작가와 비교해도 월등한 이유는, (슈미트 자신이 그러하
듯!) 그 무엇보다도 주어진 역사적 현실을 '존중'하는 법을 알고
있었기 때문이다. "결코 자의적으로 변경될 수 없고 주관적 창조
력까지도 초월하는 유일무이한 역사적 현실"(61쪽), 바로 이것
이 슈미트의 『햄릿』해석 가운데 가장 두드러지고 독창적인 것으
로 보인다. 여기서 슈미트가 말하는 역사적 현실이란, 정치사회
적 세력 구도나 이러한 구도를 만들어낸 사건들과 같이 한 사회가
처한 구체적 상황을 의미한다. 이는 일개인이 임의로 변경하거나
무시할 수 없는 구조적 조건과 같은 것으로, 이러한 상황에 처한
인물의 성격을 형성하고 그의 결정과 행위에도 지대한 영향을 미
친다. 극작품 『햄릿』의 경우에도 이러한 역사적 현실과 그에 따

른 구조적 조건이 극의 전개에까지 스며들어 극작품의 전체적 아우라를 결정짓는다.

슈미트는 셰익스피어의 비극을 프리드리히 실러의 시민적 비애극과도 구분한다. 실제 역사적 맥락 없이 작가가 순수하게 창작해낸 시민적 비애극의 경우에는, 셰익스피어의『햄릿』이 그렇듯, 실제적 시대가 극 속으로 개입해 들어가 극의 진정성과 밀도를 높여야 진정한 비극으로 승격될 수 있다는 게 슈미트의 논리인 셈이다. 극 속으로 스며든 실제적 역사현실은 보이지 않는 막후의 행위자와 같은 존재로서, 극의 그 어떤 실제 등장인물보다도 결정적이고 강력하게 극의 전개를 좌지우지할 수 있다. 셰익스피어 시대의 관객은 극작가에 의해 조심스럽게 에둘러져 재현된『햄릿』의 현실적 맥락을 이미 알고 있기 때문에, 시대적 조건에 휘둘릴 수밖에 없는 햄릿의 운명에 더 깊이 공감할 수 있었다. 극을 관람하는 관객이 극중 인물의 운명을 좌우하는 실제적 역사현실을 공유하기 때문에, 전적으로 창작된 이야기에 비해 밀도 높은 진정한 비극성이 보장된다고 보는 것이다.(이와 관련해 가다머Gadamer는 슈미트가 자신의 정치신학적 논리에 맞춰『햄릿』을 해석하기 때문에『햄릿』을 일종의 실화소설로 만들어버렸다고 비판하기도 했다!) 그런데 현재를 살아가는 우리는『햄릿』의 실제적 배경이 된 역사적 사건을 동시대적으로 경험하지 않았다. 슈미트의 주장대로 연극을 관람하는 관객이 극 속에 스며든 실제 역사현실을 간취함으로써 극의 진정한 비극성을 체험할 수 있다면, 현재를 살아가는 우리는 어떻게『햄릿』의 진정한 비극성을 이해할 수 있는가?『햄릿』이 셰익스피어 당대 런던의 관객들로부터 큰 호응을 얻었다는 데는 의심의 여지가 없지만, 이 극작품과 극중인물이 현재까지도 신화적 존재로서 영향을 미친다고 주장할 수 있는 근거가 대체 무엇인가? 오늘날의 관객은 고대 그리스의 고전 비극이나 셰익스피어의『햄릿』을 당대의 관객과 마찬가지로 (슈미트가 말하는 의미에서) '진정한' 비극으로 이해하고 느낄 수 있는가? 아니면 고대 비극이나 『햄릿』도 비극의 원형 정도로 이해될 뿐이고, 진정한 비극이란 이러한 원형을 모범으로 삼되, 관객이 공감할 수 있는 구체적 현실 가운데서 끊임없이 새로이 소재를 취해야만 하는가?

슈미트는 비극 『햄릿』의 절묘한 미학이 역사적 현실을 최대한 존중해 극의 근간으로 삼은 셰익스피어의 현명한 결정 때문에 가능했다고 본다. 그런데 슈미트의 이러한 설명을 차근히 따라가다 보면, 그가 역사적 현실을 이상하리만치 지나치게 강조한다는 인상을 받게 된다. 슈미트는 비극성의 실제 역사적 기원을 너무나도 강조한 나머지, 천재적 자질을 가진 작가가 제대로 된 비극을 창조할 수 있는 예술적 가능성마저 인정하지 않는다. 이러한 맥락에서 슈미트는 다음과 같이 단언한다. "유희가 시작되는 곳에서 비극적인 것은 중단된다."(47쪽) 그리고 비극과 창조적 유희 간의 관계는 다음과 같은 규정 가운데 정점에 이른다. "고대나 근대에도 작가가 비극적 사건을 창작해낸 적은 없다. 비극적 사건과 창작은 서로 양립할 수 없는 성격의 것으로 서로를 배제한다." (58쪽) 그렇다면 슈미트는 왜 주어진 역사적 현실에 이토록 절대적인 성격을 부여하는가? 그는 왜 예술가의 창조성을 높게 평가하기를 주저하는가? 슈미트가 문학작품 가운데서도 왜 유독 『햄릿』에 관심을 가졌는지, 그리고 『햄릿』에 대한 분석이 그의 사상 전반에서 어떤 의미를 갖는지 이해하기 위해서는 이러한 의문과 문제제기를 반드시 염두에 두어야 한다.

슈미트가 보기에 진정한 비극은 오직 주어진 역사적 상황에 속박된 인간의 실존 가운데서만 탄생할 수 있다. (그의 논리에 따르면 유희로서의 비애극과 구별되는!) 진정한 비극이란 실제 역사적 기반 없이 예술가의 창조력만으로 완성될 수 있는 성질의 것이 아니다. 이 책의 제목인 『햄릿이냐 헤쿠바냐』도 비극에 대한 슈미트의 이 핵심 테제를 대변하는 것으로 보인다. 극의 2막 2장에서 햄릿은 프리아모스의 죽음 부분을 낭독한 배우가 헤쿠바 때문에 슬퍼하며 눈물짓는 것을 보고 어리둥절해진다. 그저 극중 주어진 역을 연기하기 위해 낯선 존재에 감정이입할 준비가 되어 있고, 자기 자신의 실제적인 현존 상황과는 별 상관도 없는 것 때문에 눈물을 흘릴 수 있는 배우를 보면서 햄릿은 자신의 처지를 반추하게 된다. 비극적인 내용을 다루는 유희가 햄릿으로 하여금 자신의 비극적인 삶을 자각하게 만든 것이다. 그런데 이러한 자각은 유희와 비극 간의 결정적 간극를 직관하는 과정을 통해 이루어진다. 슈미트가 이 책 맨 앞에 제사로 인용한 햄릿의 대사가 이 과정을 잘 드러내 보여준다. "이 배우의 눈에서는 무슨 이유로 눈물이 흐르는가? 그저 헤쿠바 때문이라고! 헤쿠바가 대체 그에게 무엇이고 그가 헤쿠바에게 무슨 존재라고? 내가 상실한 것을 그도 만약에 잃게 된다면, 그는 대체 어쩔 것인가? 아버지가 살해당하고 왕관까지도 빼앗겼다면?" 비극적인 것을 내용으로 하는 유희를 보면서 자신이 처한 상황 때문에 정신적 마비상태에 있던 햄릿이 비로소 진정한 비극에 해당하는 자기 삶의 문제에 주목하게 된다. 유희로서의 헤쿠바와 실제 역사와 맞닿아 있는 진정한 비극으로서의 햄릿 간의 대조는 글의 제목에서 명백히 표상된다. '햄릿이냐 헤쿠바냐Hamlet oder Hekuba'. 독일어 원제에서 햄릿과 헤쿠바 사이에 들어간 'oder'는 우리말로 '또는'에 해당하는 접속어이다. 이는 슈미트의 주요 저서 가운데 하나인 『정치적인 것의 개념*Der Begriff des Politischen*』(초판 1927)에 등장하는 동지와 적의 구분("Fre- und oder Feind")을 연상시키지 않는가? 이러한 유사성은 『햄릿이냐 헤쿠바냐』를 이해하는 데 있어 중요한 실마리가 될 핵심적 단서들을 슈미트의 사상 가운데 찾아보도록 독자들을 자극한다.

두 편의 보론

햄릿의 왕위계승권 문제를 다루는 첫번째 보론에서 슈미트는, 햄릿이 합법적 왕위상속자였는가 하는 문제를 법사학적으로 조명해보려고 시도한다. 여기서 슈미트는 법사학적 설명을 동원해 햄릿과 제임스1세가 왕위계승권을 확보할 근거로 종교적 혈통권, 즉 신성불가침적 절대군주론을 추론해낸다. 이는 주권자의 문제와 법제적 문제를 한 맥락에서 고려하는 슈미트의 관심사와도 일맥상통한다. 이 보론은 내용상으로 보면, 슈미트가 본문에서 일관되게 강조한 테제(『햄릿』은 실제적 역사현실에 그 기반을 두고 있기 때문에 진정한 비극이 될 수 있었다는 테제)의 연장선에서 『햄릿』의 역사성을 부각시키고자 하는 시도로도 해석할 수 있다. 그리고 주권의 문제를 정치신학적 관점에서 조명하는 데 익숙했던 슈미트에게 햄릿의 왕위계승권 문제가 중대한 관심사 가운데 하나였으리라는 점은 쉽게 미루어 짐작해볼 수 있다. 그런데 릴리언 윈스탠리의 『햄릿과 스코틀랜드 왕위계승』 독일어판을 위해 쓴 서문에서 슈미트는 "셰익스피어의 『햄릿』은 왕의 신적 권리를 성찰이나 토론 가운데 소진시켜서는 안 된다는, 제임스1세를 향한 간곡한 당부"[7]를 담고 있다고 쓴다. 슈미트의 이러한 해석이 종교적 후광에 힘입은 절대적 주권자에 대한 그의 선호에서 나온 것인지, 아니면 셰익스피어가 실제로 그러한 의도를 갖고 있었는지 여부는 극작품 『햄릿』에 대한 역사적, 문헌학적 연구를 통해 밝혀야 할 내용일 것이다. 독일의 영문학자 회펠레A. Höfele는 슈미트가 자신의 생각을 『햄릿』을 통해 정당화하는 데 너무나 치중한 나머지 셰익스피어와 제임스1세의 관계를 의도적으로 왜곡했다고 지적한 바 있다.[8]

---

7. Carl Schmitt, Vorwort zur deutschen Ausgabe von L. Winstanley, *Hamlet, Sohn der Maria Stuart*, Pfullingen: Neske, 1952, 17쪽.

슈미트는 『햄릿이냐 헤쿠바냐』의 서두에 해당하는 「이 책에 대해」에서 자신이 이 책을 쓰는 데 참조한 책 가운데 하나로 벤야민의 『독일 비애극의 원천』을 소개한다. 여기서 슈미트는 세 권의 책을 언급하는데, 그 가운데 릴리언 윈스탠리와 존 도버 윌슨의 책은 슈미트가 본문에서 여러 차례 직간접적으로 인용하면서 자신의 논지를 뒷받침하는 데 활용하는 반면, 벤야민의 책은 본문에서는 거의 언급하지도 않고, 책의 가장 마지막 부분에 해당하는 두번째 보론에 와서야 비로소 논의 대상으로 삼는다. 해당 보론에서 슈미트는 『햄릿』에 대한 벤야민의 논지를 상세하게 다루고 이를 자신의 『햄릿』론과 직접적으로 비교 평가하기보다는, 벤야민의 『햄릿』 관련 논의를 비판하는 데 치중한다. 벤야민에 대한 슈미트의 비판은 두가지 논점으로 정리될 수 있는데, 하나는 벤야민이 『햄릿』을 지나치게 기독교적으로 해석한다는 것이고, 또 하나는 유럽 대륙과 섬나라 영국 간의 차이, 즉 17세기 독일의 바로크적 비애극과 영국 희곡 간의 차이를 과소평가한다는 것이다. 그런데 슈미트가 자신의 중심 논지를 뒷받침하고자 활용하는 정도나 다루는 방식을 고려할 때, 벤야민의 책은 다른 두 저서와 나란히 언급하기엔 어울리지 않아 보인다.

전후 독일 사회에서는 테오도어 아도르노Theodor Adorno의 주도로 1955년 벤야민의 저서들이 재출간되기 시작하면서 벤야민이 본격적으로 재조명받게 된다. 1956년에 출간된 『햄릿이냐 헤쿠바냐』에 등장하는 벤야민 관련 보론은 이러한 학문적 시류에 대한 슈미트의 대응으로도 볼 수 있다. 1963년에는 벤야민의 『독일 비애극의 원천』 개정판이, 1966년에는 아도르노와 게르숌 숄

8. Andreas Höfele, *Der Einbruch der Zeit: Carl Schmitt liest Hamlet*, Sitzungsberichte der Bayerischen Akademie der Wissenschaften: Philosophisch-historische Klasse, Jahrgang 2014, Heft 3, München: Verlag der Bayerischen Akademie der Wissenschaften, 21~22쪽.

렘Gershom Scholem이 편집한 벤야민 서한집이 독일에서 출간되었다. 이와 같이 벤야민에 관한 학계의 논의가 점점 더 활발해지자 슈미트는 1968년에서야 벤야민의 『독일 비애극의 원천』을 다시 상세히 검토하면서 책의 여백에 많은 주석과 해석을 남기기도 했다. 이 사실은 1956년 벤야민 관련 보론을 집필할 당시 벤야민의 해당 저작에 대한 슈미트의 이해가 충분하지만은 않았다는 점을 간접적으로 시사하는 것일지도 모르겠다. 이러한 정황을 놓고 보면, 슈미트는 벤야민과의 사상적 대결 자체에 관심을 두기보다는, 전후 지식인 사회에서 자신에 대한 관심을 환기하는 데 목적을 두었고, 영미문화권과 독일 지식인 집단으로부터 큰 관심을 모은 벤야민을 도구화한 것으로 보이기도 한다. 슈미트와 벤야민의 『햄릿』해석에 대한 비교연구에 실제로 관심이 있는 독자라면 벤야민의 『독일 비애극의 원천』 가운데 특히 '유희와 성찰' '햄릿' 부분을 살펴보는 게 필요하다.

슈미트의 『햄릿』 해석에 전제된 개념들: "적은 우리 자신의 문제를 비추는 형상이다"

카를 슈미트 하면 보통 일차적으로 정치적인 것의 개념, 적과 동지의 구분, 정치적 결정주의, 파르티잔, 내전, 예외상태(비상사태) 등의 개념을 떠올리게 된다. 그리고 이 개념들을 설명의 틀로 적용하여 현대의 다양한 정치적 양상을 이해해보려는 학문적 시도도 여럿 볼 수 있다. 그런데 슈미트가 제공하는 개념들을 활용하기에 앞서, 어떤 역사적 필요나 상황적 필연성으로부터 이러한 개념들이 나오게 되었는지에 대한 물음을 제기해봐야 하지 않을까? 이 물음에 대한 답은 일차적으로 슈미트의 비판적인 시대

인식에서 찾아볼 수 있다. 기술의 진보에 기반하여 삶의 모든 영역에서 효율성을 극대화하고, 소비문화를 촉진해 지상낙원을 구축하려는 현대적 세속사회를 슈미트는 종교나 정치와 같이 중대하고 진지한 문제가 망각된 시대로 규정하고 혹독하게 비판한다. 자유주의적 의회주의도 슈미트의 눈에는 중대한 문제를 결정하려는 의지는 없이, 작은 문제를 둘러싸고 끝없는 토론만을 일삼으면서 정작 중요한 문제에 대해서는 결정을 유보해버리는 무능력한 정치체제로 비춰진다. 현대를 살아가는 인간은 모든 것을 다 알고 있는 듯 자만하지만, 내면적으로는 그 무엇도 제대로 믿지 않는 존재가 되어버렸다는 것이다. 기술문명에 기반한 경제 중심 체제라는 점에서 슈미트는 서구사회와 동구권이 본질적 차원에서 크게 다르지 않다고 본다. 그래서 1960년대에 제기한 '파르티잔 이론'에서 슈미트는 기술과 경제에 기반해 동일화되어가는 세계문명에 대한 정치적 저항 가능성을 타진해본다. 정치적인 것의 종말과 더불어 모든 진지한 도덕적, 정치적 결정이 뒷전으로 물러나게 될 것이라는 위기감 때문에 슈미트는 소위 '세계국가' 개념에 대해 극도의 반감을 보인다. 그가 보기에 세계국가는 정치적인 것을 기능주의적으로만 해석하려는 총체적 행정국가이다. 분화되고 전문화된 지식으로 세계를 이해하고 통제할 수 있다고 자만하지만, 다른 한편으로는 중대한 문제를 망각하거나 이에 대한 결정을 끝없이 유보하려는 시대적 경향을 어떻게 종식시킬 수 있을까? 이러한 시대적 문제를 다루기 위한 방안으로 슈미트는 정치적인 것의 개념을 제시한다.

　정치적인 것의 의미를 되살려내는 것을 시급한 시대적 과제로 보는 슈미트는, 소속감과 연대감을 바탕으로 사회 구성원 개개인이 자신을 이데올로기적으로 정치공동체와 일체화할 수 있는 강력한 정치공동체 모델에 지대한 관심을 갖고 있었다. 독일에 국가사회주의 체제가 들어서기 전인 1929년에 이미 그는 서평

해설

형식을 빌린 「파시스트 국가의 본질과 생성」이라는 글에서, 일국 중심주의적 민족주의에서 뿜어져 나오는 열광적 에너지와 고양된 제3자로서의 국가라는 개념에 큰 찬사를 표하기도 했다. 슈미트는 대중을 열광시키고 조직해내는 데 있어 탁월한 역량을 발휘한 이탈리아의 무솔리니Mussolini에 대해서도 오래도록 경탄을 품어왔고, 카리스마적 지도자에 대한 그의 기대가 독일 내 국가사회주의의 등장과 더불어 히틀러에 대한 지지로까지 이어졌다는 것은 잘 알려진 사실이다. 1933년 나치가 정권을 잡은 직후에 슈미트는 독일 제3제국의 계관법학자로서 나치 정권이 법률적으로 굳건한 토대를 마련하는 데 결정적으로 기여했다. 그러나 나치 친위대가 슈미트의 과거 전력을 문제삼아 그를 기회주의자로 비판하기 시작하면서 서서히 수세에 몰려, 결국 1936년에 모든 공직에서 물러나게 된다. 그렇게 정권으로부터 숙청되고 난 후, 슈미트는 국가사회주의가 그의 기대와는 달리 정치공동체 내의 강한 결집력을 담보할 종교적 아우라를 제대로 발휘하지 못한다고 간접적으로 비판한다. 이러한 비판은 1938년에 출간된 『토머스 홉스의 국가론에서의 리바이어던』이란 학술서에서 은밀하게 이루어진다. 여기서 슈미트는 정치공동체를 내부적으로 결속하는 데 결정적 역할을 하는 종교적 요소는 외부적으로 강제할 수 없는 성질의 것이라고 진단하면서, 근대적 국가와 주권 개념을 구상할 때 이 문제를 반드시 핵심 논점으로 거론해야 한다고 강조했다. 이 책에서도 슈미트는 인간을 내면적으로 압도할 수 있을 만한 새로운 정신적 토대, 그리고 정치와 종교가 다시 합일되어 인간의 내면적 욕구까지도 충족시켜줄 수 있는 새로운 정치공동체에 대한 열망을 강력하게 드러낸다. 그런데 실제 역사를 보면, 정치적 최고권위자가 종교의 권위에 힘입어 한 사회 내의 도덕과 가치 문제에까지 지대한 영향을 미치던 시대가 지나고, 종교적 색채를 상당 부분 탈각하며 등장한 근대국가는 대체로 관료제에 기반한 행정

국가로 변모해간다. 이 과정에서 정치는 정치 영역(정치권), 경제 영역(경제권), 문화 영역(문화권)이라는 식으로, 한 사회 내에 존재하는 다양한 영역 가운데 하나로 간주될 정도로 그 의미가 축소되기에 이르렀다. 앞서 살펴본 것처럼, 슈미트는 비판적 시대진단을 통해 자신이 문제삼고 있는 상황을 명백하게 드러낸다. 그리고 이러한 문제들은 정치의 중심성을 회복함으로써 해결될 수 있다고 믿는다. 이를 위해 정치적인 것을 공동체 내에 존재하는 다양한 '영역들'을 포괄하는 상위의 총괄적 개념으로 확립하는 것이 슈미트에게 필연적인 이론적 과제로서 주어진다.

슈미트는 자신의 저서 『정치적인 것의 개념』을 여러 차례 수정해가며 정교하게 다듬었다. 이 책은 초판이 나온 1927년부터 최종적으로 완성된 시기인 1933년까지 총 세 가지 판본이 존재한다.(1927년, 1932년, 1933년 판본. 그밖에 1963년에는 슈미트가 1932년판에 새로 서문을 쓰고 관련 글 세 편을 덧붙여 독일어 신판을 펴냈다.) 이 판본들을 면밀히 검토함으로써 슈미트의 '정치적인 것의 개념'이 수정되면서 발전한 과정을 재구성하는 것이 가능하다.[9] 정치적인 것의 개념은 초기에는 대외정책이나 민족이라는 차원에서 논의되었는데, 수정을 거치면서 점차적으로 모든 종류의 인간적 대립관계를 포함하는 내재적 관계 개념으로 발전하게 된다. 예를 들어 대외전쟁, 외부의 적, 적대 집단에 관한 논의로부터 내전, 내부의 적, 개인적 적수라는 보다 세부적인 내부 논리를 거론하는 데로 나아감으로써, 정치적인 것의 개념은 보다 구체화되고 실존적인 의미를 부여받게 된다. 이런 식으로 정치(적인 것의 개념)는 기존의 영역 개념을 벗어나 경제 분야나 문화 분야와 같은 삶의 다양한 영역에서까지 구체적으로 적과 동지

9. 이에 관한 탁월한 연구서로 Heinrich Meier, *Carl Schmitt, Leo Strauss und "Der Begriff des Politischen"—Zu einem Dialog unter Abwesenden* (Stuttgart: Dritte Auflage, 2013)을 들 수 있다.

의 구분을 요구하는 인식적 틀로 작용할 수 있다. 슈미트는 정치적인 것의 개념을 유동화함으로써 이 개념이 삶의 모든 영역과 국면에 스며들 수 있게 만들고, 이를 통해 구체적인 상황에서 누가 너의 적이고 누가 너의 동지인가를 묻고 답하도록 강제한다. 망각되고 숨겨진 관계의 핵심이 드러나게 되면, 본질적인 것을 망각하고 방향성을 상실한 채 소비문화에 젖어 사는 인간들이 미몽迷夢에서 깨어날지도 모른다는 기대를 슈미트는 품고 있던 것인지도 모르겠다.

"적은 우리 자신의 문제를 비추는 형상이기에, 우리가 그에게 그러하듯 그도 우리를 끝까지 몰아댈 것이네."[10] 이것은 도이블러의 「팔레르모에게 바치는 노래」 가운데 등장하는 시구이다. 슈미트는 이 구절을 자기 글에서 여러 차례 인용하곤 했다. 여기서 말하는 '적'은 흔히 말하듯 단순히 나의 실존을 위협하는 존재만을 의미하는 것은 아닌 듯하다. "적은 우리 자신의 문제를 비추는 형상"이라는 것은 풀어서 생각해보면, 우리가 적을 통해 우리 자신의 문제를 자각할 수 있게 된다는 의미로 해석할 수 있다. 이렇게 보면 진정한 적이란 나 자신에게 중대하기 그지없음에도 불구하고 스스로 망각하고 있는 본질적 문제들을 직시하도록 나를 강제할 수 있는 존재이기도 하다. 우리가 특정 상대나 대상을 우리 자신의 적으로 규정한다는 것은 그리 간단한 문제가 아니다. 특정 상대를 적으로 규정할 이유나 근거가 무엇인지, 그리고 적으로 규정할 정당성을 우리가 어디에서 찾을 수 있는지 하는 문제가 이 과정에서 규명되어야 하기 때문이다. 따라서 누군가를 적으로 삼기까지는 면밀한 검토와 인식과정이 반드시 동반되어야 한다. 슈미트와 그의 사상을 이해하고자 할 때에도 이러한 인식과

---

10. Carl Schmitt, *Glossarium. Aufzeichnungen der Jahre 1947~1951*, hier von 25.12.1948, hrsg. von Eberhard Freiherr von Medem, Berlin: Duncker & Humblot, 1991, 213쪽에서 재인용.

정을 한번 동원해보면 어떨까? 슈미트가 무엇을 집중적으로 공격하고 비판하는지를 살펴봄으로써 그가 적으로 간주한 대상이 무엇인지 가려낼 수 있지 않을까? 더 나아가 슈미트가 비판하는 대상이 무엇인지를 추려냄으로써 슈미트를 추동하는 정신적 기반의 실체에 다가설 수 있지 않을까? 달리 말하면, 슈미트의 사상 가운데 무엇이 슈미트의 적에 해당하고, 누가 동지로 분류될 수 있는지 살펴봄으로써 슈미트가 어떤 종류의 사상가였는지를 알아낼 수 있지 않을까? 예를 들어 자유주의적 의회주의에 대한 비판이나, 구체적인 인물로 무정부주의자 바쿠닌Bakunin에 대한 슈미트의 비판은 널리 알려져 있다. 다른 한편으로 슈미트는 19세기의 보수적 정치신학자 도노소 코르테스Donoso Cortés에 대해 지속적으로 관심을 갖고 있었다. 슈미트는 1922년부터 1944년까지 그에 관해 총 네 편의 논문을 썼고, 1950년에 이를 모아 단행본으로 내기도 했다.

슈미트의 '정치적인 것의 개념'과 관련해 최종적으로 물어봐야만 할 사항이 하나 남아 있다. 적과 동지를 구분하는 과정 자체는 슈미트가 그토록 경멸하고 불신해 마지 않았던, 결론이 나지 않는 끝없는 토론으로 전락할 위험이 있지 않은가? 대체 무엇이 내가 수행한 적과 동지의 구분을 정당화하고 지탱해줄 수 있는가? 이 난제를 해결하기 위해 슈미트는 계시종교적 신의 절대적 권위에 기반해 논의를 전개한다. 슈미트는 계시종교적 신의 권위에 의존하는 규범이, 인간이 이성의 힘을 기반으로 확립한 규범에 비해 더욱 강력하고 절대적이라고 본다. 그는 인간의 규범을 능가하는 강제력과 효력을 갖는 노모스를 열망하기에 인간의 실존을 좌지우지할 수 있는 절대적 존재자를 요청하기에 이른다. 햄릿의 경우처럼, 주어진 현실적 상황이 인간을 옭아매어 이러지도 저러지도 못하는 상황에 처하게 할지라도, 슈미트가 보기에 이러한 역사적 현실은 주인공의 실존을 완전히 사로잡는 그 절대적 성격 때문에 존중되어야 할 대상이기도 하다. 역사적 현실이란 슈미트에게 일차적으로 신적 권위에 따른 현실이다. 따라서 이러한 현실 속에서 삶을 영위하는 인간은 그 운용의 원리와 뜻을 온전히 이해할 수 없을지라도 이를 겸허히 받아들여야 하는 것이다. 슈미트가 『햄릿』의 실제적 배경으로 해석한, 셰익스피어 당대의 정치상황도 슈미트의 눈에는 신의 뜻에 따른 것이며, 그 의미를 인간이 온전히 헤아릴 수 없기 때문에 이에 직면한 비극의 주인공에게는 불가사의한 숙명 같은 것으로 다가온다. 『햄릿』의 비극적 요소를 분석할 때, 슈미트가 염두에 두고 있는 숙명으로서의 현실이 무엇을 의미하는지는 다음에서 잘 드러난다. "비극적 사건에 직면한 모든 당사자들은 뒤엎을 수 없는 현실의 존재를 잘 알고 있다. 이는 어떤 인간의 두뇌로도 고안해내지 못했던 것으로, 바깥으로부터 주어지고 불현듯 닥치거나 원래부터 존재하는 것이다. 이 뒤엎을 수 없는 현실이란 잠자코 선 바위와 같은 것으로, 유희로서의 극은 이 바위에 굴절되고, 진정한 비극이라는 파도도 이 바위에 몰아치고 부서진다."(53쪽)

주어진 역사적 현실을 비극의 유일하고도 진정한 기원으로 간주하는 슈미트의 입장은 다름아니라 기독교적 역사이해로부터 나온다. 「기독교적 역사상의 세 가지 가능성」이라는 글에서 슈미트는 기독교적 역사이해의 논점을 세 가지로 정리한다. 첫번째는 세계에 대한 종말론적 관점이다. 이 종말론적 관점에 따르면 예수의 재림 이전에 적그리스도(안티크리스트)가 모습을 드러내는데, 세계 종말이 지연되는 이유를 설명하기 위해 적그리스도를 저지하는 역할을 하는 카테혼Katechon이 기독교적 역사이해에 동원된다.(두번째 요소) 세번째는 성모 신앙에 기반한 역사이해 방식인데, 이에 따르면 기독교인은 성모의 순종적 미덕에 따라 일차적으로 주어진 현실을 받아들이고, 그 안에서 기독교인으로서 자신에게 주어진 운명적 과제가 무엇일지 간취하여 이를 수행함으로

써 신의 부름에 응한다는 논리이다. 물론 여기서 신이 어떤 규정
과 운명을 부여하고 그에 따라 무슨 과제를 부과했는가를 알아내
는 것은 전적으로 믿는 자의 몫으로, 소위 부름을 받은 자의 자의
적인 해석과 의지에 달린 문제라고 할 수 있다. 루터를 비롯한 유
수의 신학자들이 신의 은총예정설의 전거로 간주하는 신약의 로
마서 가운데 다음과 같은 구절이 있다. "오, 사람아, 그대가 무엇
이라고 감히 하나님께 정의를 운운합니까? 만들어진 것이 만드신
분에게 어찌하여 나를 이렇게 만들었습니까 하고 말할 수 있습니
까? 흙 한 덩이를 나누어서, 일부는 귀한 데 쓸 그릇을 만들고, 나
머지는 천한 데 쓸 그릇을 만들 권리는 토기장이에게 있는 게 아닙
니까?"(로마서 9장 20~21절) 이러한 기독교적 역사관에 입각해
서 보면, 역사의 객관적 의미를 따져 묻고 특정 시기의 역사를 다
루면서 그 안에서 인간적 자기의식의 발전이나 퇴보 양상을 파악
해내려는 역사가나 (역사)철학자의 작업이 신의 피조물에 불과
한 인간의 헛된 시도 정도로만 보일 것이다. 계시종교를 믿는 자
에게 역사란 전능한 신의 전권專權에 해당하는 것이고, 신의 뜻은
불가해한 것으로 남을 수밖에 없기 때문이다. 제2차세계대전 종
전 이후에도 나치 정권에 대한 자신의 협력을 정당화하고, 반유
대주의적 입장을 고수했던 슈미트의 행보의 이면에는 인간이 아
니라 전능한 신의 의지가 관철되는 게 역사라는 그의 믿음이 자리
잡고 있는 게 아닐까?

　　인류의 정신사적 전통에서 보면 인간 공동체를 규율할 원리
를 찾고 정립하는 데 있어 크게 두 가지 동향이 맞서는 것을 보게
된다. 정치공동체의 규범을 장기적으로 보장하기 위해 계시종교
적 신의 권위에 기대는 입장이 있는가 하면, 정치가 종교의 절대
성에 의존할 경우에 발생할 수 있는 병폐를 고려해 순수하게 인
간이성의 범주 내에 머물고자 하는 입장이 존재한다. 사상적 뿌
리에서 보면 슈미트는 분명 첫번째 전통에 선 사상가이다. 앞서

해설

살펴보았듯 슈미트는 정치공동체의 운용에 있어 본질적이고 중대한 문제들이 망각되어가는 시대상황을 비판하면서 자신의 문제의식을 벼린다. 그의 사상 전반에 걸쳐 중추적 역할을 하는 '정치적인 것의 개념'은 인간 공동체에서 옳은 게 무엇이고, 우리가 어떤 식으로 함께 살아갈 것인가 하는 정치철학의 고전적 문제를 현대에 부활시키는 데 일조하기도 했다. 슈미트의 정치적인 것의 개념에서 인식적 틀로 작용하는 적과 동지의 구분은, 이러한 구분을 수행할 인식주체로 하여금 자신의 이성능력을 적극적으로 활용하도록 추동하는 면이 있다. 슈미트는 자기인식에 도움이 된다면 인식주체 스스로가 내부의 가상적 적을 만들어내야 한다고 말하기까지 했다. 무엇이 적과 동지의 구분을 궁극적으로 정당화하고 지탱해줄 수 있는가라는 난제에 직면해 슈미트는 계시종교적 신의 권위를 요청하는 정치신학의 길로 접어들지만, 거기에 이르기까지의 과정에서 보여지는 슈미트의 날카로운 인식과 통찰은 정치철학의 근본문제들을 다루는 연구자들에게 많은 시사점을 던져준다.

이 글의 초반에 제기했던 문제로 돌아가보자. 슈미트는 왜 『햄릿』에 관심을 갖고 책까지 쓰게 되었을까? 슈미트는 이와 관련해 어떤 직접적인 설명이나 단서도 제시하지 않기 때문에 슈미트의 『햄릿』 해석을 읽는 독자에게 이 문제는 글을 읽고 나서도 하나의 의문으로 남게 된다. 슈미트가 『햄릿』 해석을 쓰게 된 '동기'는 그가 『햄릿』 해석에서 부각시키는 테제를 검토하고, 이를 그의 사상적 논점과 비교 고찰하는 과정을 통해 독자 스스로 밝혀내야 할 과제인 것이다. 셰익스피어의 햄릿은 역사적, 정치적 상황으로부터 자유로울 수 없는 존재로, 주어진 현실상황에 맞게 변형될 수밖에 없는 운명이다. 슈미트는 자신이 햄릿(제임스1세)과 마찬가지로 현실적 제약조건에 따라 변형될 수밖에 없던 존재라는 점을 말하고자 하는가? 자신의 정치적 결정과 행보가 순수한 자기인식과 의지에 따른 결과라기보다는, 주어진 역사적, 정치적 현실 속에서 이미 조건지어진 부분이 적지 않다는 점을 강변하고자 하는가? 실제로 독일의 문화사회학자 니콜라우스 좀바르트Nicolaus Sombart는 『햄릿이냐 헤쿠바냐』에 관한 서평적 성격의 에세이에서 슈미트가 『햄릿』 해석을 통해 나치 정권에 대한 기대와 이상을 둘러싼 자신의 '과오'를 간접적으로 해명하고자 했다고 본다.[11] 종전에 다른 문학작품들을 다룰 때와 마찬가지로, 슈미트가 『햄릿』 분석을 자기정당화의 수단으로 활용한 측면이 엿보이는 것이다. 다른 한편으로 슈미트는 『햄릿이냐 헤쿠바냐』에서 정치적인 것의 우위라는 일관된 자기 테제를 다시 한번 독자들에게 환기시키려는 것으로 보인다. 앞서 슈미트의 『햄릿』 해석을 중점적으로 다룬 부분에서 자세하게 살펴보았듯 슈미트의 중심 테제는 다음과 같이 집약될 수 있다: 슈미트는 작가의 주관적 창조력이 아니라 오직 역사적 현실만을 비극의 진정한 원천으로 간주한다. 따라서 그는 천재적 자질을 가진 작가가 제대로 된 비극을 창조할 수 있는 예술적 가능성을 인정하지 않으며, 나아가 "비극적 사건과 창작은 서로 양립할 수 없는 성격의 것으로 서로를 배제한다"라고까지 주장한다. 여기서 슈미트는 소위 『햄릿』 해석의 결과로 현실과 유희를 배제적 관계로까지 첨예화시키면서 동시에 유희에 대한 현실의 우위, 즉 예술 영역뿐만 아니라 다른 모든 영역까지도 압도하는 정치적인 것의 우위를 강조한다. 그리고 이는 역사적 현실, 즉 정치적인 것의 우위에 기반한 "햄릿이냐" 아니면 순수한 창작적 유희로서의 "헤쿠바냐"라는 집약된 형식 가운데 재현된다.

11. Nicolaus Sombart, "CARL SCHMITTS HAMLET", *Politische Vierteljahres-schrift*, September 1988, Vol. 29, No. 3, 474~486쪽.

햄릿이냐 헤쿠바냐—극 속으로 침투한 시대

초판 인쇄 ¦ 2021년 3월 3일
초판 발행 ¦ 2021년 3월 19일

지은이 ¦ 카를 슈미트
옮긴이 ¦ 김민혜

책임편집 ¦ 김영옥
편집 ¦ 이경록
디자인 ¦ 슬기와 민
저작권 ¦ 한문숙 김지영 이영은
마케팅 ¦ 정민호 이숙재 우상욱 정경주
홍보 ¦ 김희숙 김상만 함유지 김현지
　　　이소정 이미희 박지원
제작 ¦ 강신은 김동욱 임현식
제작처 ¦ 천광인쇄(인쇄) 경일제책(제본)

펴낸곳 ¦ (주)문학동네
펴낸이 ¦ 염현숙
출판등록 ¦ 1993년 10월 22일 제406-2003-000045호
주소 ¦ 10881 경기도 파주시 회동길 210
전자우편 ¦ editor@munhak.com
대표전화 ¦ 031)955-8888
팩스 ¦ 031)955-8855
문의전화 ¦ 031)955-3578(마케팅) 031)955-1905(편집)
문학동네카페 ¦ http://cafe.naver.com/mhdn
문학동네 트위터 @munhakdongne
북클럽문학동네 ¦ http://bookclubmunhak.com

ISBN 978-89-546-7788-2 93100

www.munhak.com

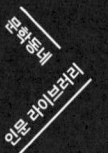

세상은 언제나 인문의 시대였다.
삶이 고된 시대에 인문 정신이 수면 위로 떠올랐을 뿐.
'문학동네 인문 라이브러리'는 인문 정신이 켜켜이 쌓인 사유의 서고書庫다.
오늘의 삶과 어제의 사유를 잇는 상상의 고리이자
동시대를 이끄는 지성의 집합소다.
살아 움직이는 유기체적 지식을 지향하고, 앎과 실천이 일치하는
건강한 지성 윤리를 추구한다.